TOBIAS TEICHEN
MIT CHRISTIAN ROSSMANITH

FRUIT FULL LIFE

**DIE WELT VERÄNDERN.
LEICHTIGKEIT BEHALTEN.**

SCM

Stiftung Christliche Medien

SCM R.Brockhaus ist ein Imprint der SCM Verlagsgruppe, die zur Stiftung Christliche Medien gehört, einer gemeinnützigen Stiftung, die sich für die Förderung und Verbreitung christlicher Bücher, Zeitschriften, Filme und Musik einsetzt.

© 2022 SCM R.Brockhaus in der SCM Verlagsgruppe GmbH
Max-Eyth-Str. 41 · 71088 Holzgerlingen
Internet: www.scm-brockhaus.de; E-Mail: info@scm-brockhaus.de

Zitate aus dem englischen wurden teilweise frei übertragen.

Bibelübersetzungen:

HFA: Hoffnung für alle ® Copyright © 1983, 1996, 2002, 2015 by Biblica, Inc.®.
Verwendet mit freundlicher Genehmigung des Herausgebers Fontis – Brunnen Basel
NGÜ: Bibeltext der Neuen Genfer Übersetzung
Copyright © 2011 Genfer Bibelgesellschaft,
Wiedergegeben mit freundlicher Genehmigung. Alle Rechte vorbehalten.
ELB: Elberfelder Bibel 2006, © 2006 by SCM R.Brockhaus in der
SCM Verlagsgruppe GmbH, Witten/Holzgerlingen
SCHL: Bibeltext der Schlachter Bibelübersetzung, Copyright
© 2000 Genfer Bibelgesellschaft. Wiedergegeben mit
freundlicher Genehmigung. Alle Rechte vorbehalten.
NLB: Neues Leben. Die Bibel, © der deutschen Ausgabe 2002 und 2006 SCM
R.Brockhaus in der SCM Verlagsgruppe GmbH, Witten/Holzgerlingen
NIV: THE HOLY BIBLE, NEW INTERNATIONAL VERSION®, NIV®,
Copyright © 1973, 1978, 1984, 2011 by Biblica, Inc.®
EU: Einheitsübersetzung der Heiligen Schrift, vollständig durchgesehene und
überarbeitete Ausgabe, © 2016 Katholische Bibelanstalt, Stuttgart
ZB: Zürcher Bibel © 2007 Verlag der Zürcher Bibel beim Theologischen Verlag Zürich
LUT: Lutherbibel, revidiert 2017, © 2016 Deutsche Bibelgesellschaft, Stuttgart
NeÜ bibel.heute © 2001-2012 Karl-Heinz Vanheiden,
www.kh-vanheiden.de. Alle Rechte vorbehalten.

Co-Autorin: Claudia Elsen, München
Bildmaterial: Gesamtes Bildmaterial darf mit Lizenz
von Sophia Lasson verwendet werden.
Gesamtgestaltung: Sophia Lasson, München
Druck und Bindung: Print Consult GmbH, München
Gedruckt in der Slowenien

ISBN: 978-3-417-00024-5
Bestell-Nr.: 227.000.024

DIE WELT VERÄNDERN.
LEICHTIGKEIT BEHALTEN.

00
06–09 PROLOG

01
10–25 MEHR – DESIGNED, UM DIE WELT ZU VERÄNDERN
1.1 Ist das wirklich alles?
1.2 There is more!
1.3 Breaking News: Die Welt braucht dich!
1.4 Du hast einzigartige Möglichkeiten

02
26–59 WAS SOLL ICH IN MEINEM LEBEN MACHEN?
2.1 Du kannst mehr, als nur glücklich zu sein!
2.2 Welche Jobs sind sinnvoll?
2.3 Weißt du eigentlich, was du kannst?
2.4 Eine gut investierte Zeit
2.5 Entdecke deine Begabungen – 7 Tipps
2.6 Ein Mindset, das dich weiterbringt

03
60–91 BRING DEINE BEGABUNGEN AUF DIE STRASSE
3.1 Das Geheimnis von Entschlossenheit
3.2 Drei Tipps für gute Entscheidungen
3.3 Hürdenlauf –
    Wie Hindernisse dich nicht mehr aufhalten werden
3.4 Die Kunst der Selbstbeherrschung
3.5 »Der Feind« in deinem Leben
3.6 Aufstehen, Krone richten, weitergehen

04
**92–125 WAS TREIBT DICH AN? –
GESUNDER UND UNGESUNDER KRAFTSTOFF**

4.1 Perspektivwechsel – Gib deinem Antrieb neuen Schub
4.2 Auf die innere Einstellung kommt es an
4.3 Goodbye, stress, hello, balance
4.4 Team up – Gute Freunde rocken dein Leben

05
126–165 ZIEL ERREICHT! UND DOCH REICHT'S NICHT?

5.1 »Gott! Dein Ernst?«
5.2 Ein unverdientes Geschenk
5.3 Ein neuer Ratgeber
5.4 Kleinste Bemühungen werden bedeutend
5.5 Eine neue Antriebsquelle
5.6 Rückschläge werden harmloser
5.7 Eine Ruhe, nicht von dieser Welt
5.8 Friendship 2.0 – Ein neues Level für deine Beziehungen

06
**166–171 TO WRAP IT UP –
DEIN FUNDAMENT IST FREIHEIT**

07
172–197 FRAGEN UND ANTWORTEN

198–205 ANHANG

FRUIT FULL LIFE **GUT ZU WISSEN**

HALLO! SCHÖN, DASS DU DIESES BUCH LIEST! BEVOR WIR MIT DEM EIGENTLICHEN THEMA STARTEN, HABEN WIR HIER EINIGE PUNKTE AUFGELISTET, DIE DIR BEIM LESEN HELFEN KÖNNEN:

Group – Lies das Buch nicht allein! Frage deine Freunde oder deine Smallgroup, ob sie sich gemeinsam mit dir diesem Thema stellen wollen, sich mit dir darüber austauschen, darüber beten und in der Bibel recherchieren möchten.

Gendering – Um dir einen einfachen Lesefluss zu ermöglichen, haben wir meistens auf eine Nennung jeweils beider Geschlechter bzw. Pronomen verzichtet. Es ist aber unser Herzensanliegen, dass dieses Buch sowohl für Männer als auch für Frauen eine Unterstützung ist. Wir möchten an dieser Stelle betonen, dass uns die Gleichwertigkeit von Mann und Frau (zum Beispiel Galater 3,26-29) wichtig ist, auch wenn wir in den Sätzen nicht jedes Mal die weibliche und männliche Form explizit nennen.

Glaube – Du bist kein Christ? Kein Problem. Das Buch soll zunächst aufdecken, warum die Welt deinen Einsatz braucht. Danach geht es darum, wie du herausfinden kannst, was du machen möchtest, und schließlich, wie du diese Ziele erreichst, ohne deine Leichtigkeit dabei zu verlieren. Es ist so geschrieben, dass du auch dann viel mit den Geschichten anfangen kannst, wenn du dich noch nicht mit der Bibel beschäftigt hast. Erst im fünften Kapitel werden wir zeigen, wie Jesus diese Bereiche (Begabung entdecken, Entscheidungen treffen, Antrieb bekommen, Umgang mit Hindernissen, Gelassenheit und Beziehungen) in unserem Leben noch mal verändert.

PROLOG

»*Ich werde Feuerwehrmann!*« Wie aus der Pistole geschossen gab ich als Tobi Teichen im zarten Kindesalter diese Antwort, wenn man mich nach meinen Berufswünschen gefragt hat! Ich war mir damals ganz sicher, dass das mal mein Job werden würde, schließlich hatte ich das coolste Lego-Feuerwehrauto der ganzen Nachbarschaft! Die folgenden Fragen, die ich dir gleich stelle, kamen erst einige Jahre später in meinen Kopf. **Wie würde deine Antwort lauten?**

- Was ist der Beruf, bei dem du deine Begabungen einbringen kannst?
- Was möchtest du am Ende deines Lebenswegs erreicht und erlebt haben?
- Wie sollen dich Leute in Erinnerung behalten?
- Ist das, was du aktuell machst, das Richtige?
- Solltest du etwas anderes machen und die Ausbildung, das Studium oder die Arbeit wechseln?
- Und wenn nicht: Wie bekommst du mehr Antrieb für das, was du gerade machst?

In dir und in mir liegt ein unvorstellbar großes Potenzial. Du bist einzigartig und wunderbar gemacht! Mein Herzensanliegen ist es, dass du mit deinen Begabungen und deiner (vielleicht noch unentdeckten) Leidenschaft diese Welt bereicherst.

Ich habe mich zu diesen Fragen mit vielen inspirierenden Menschen unterhalten, wissenschaftliche Artikel gelesen und vor allem ein Buch namens Bibel durchforstet. Die Bibel ist vielleicht nicht die erste Idee, auf die man kommen würde, um intensiv nach Antworten auf diese Fragen zu suchen. Und doch ist sie der meistunterschätzte Ratgeber unserer Zeit – selbst für jemanden, der nicht an Gott glaubt.

Eine dieser inspirierenden Personen ist Christian Rossmanith. Er hat mich auch bei der Recherche für dieses Buch unterstützt. Bei ihm ist es (im Gegensatz zu mir) noch nicht so lange her, dass er in der Situation war, in der du vielleicht gerade bist: fertig mit der Schule, konfrontiert mit scheinbar grenzenlosen Möglichkeiten und der Herausforderung, sich entscheiden zu müssen, was man jetzt mit dem Leben anfangen soll.

Eine Besonderheit von Chris ist seine Neugier, von der dieses Buch profitiert. Er stellte mir, sich selbst und anderen unglaublich viele Fragen, schrieb alle seine Beobachtungen auf und nahm sich viel Zeit, Antworten zu suchen. Gemeinsam hatten wir das Privileg, uns mit beeindruckenden Menschen aus Wirtschaft, Forschung, Kunst, Sport oder sozialen Bereichen zu unterhalten. Am Ende entstanden aus den vielen Gesprächen und langen Recherchen faszinierende Erkenntnisse, die wir gemeinsam in diesem Buch zusammengefasst haben.

Wir hoffen, dass diese Gedanken dich in deinem Leben unterstützen werden, dass du Klarheit, Vision und Entschlossenheit für den Weg bekommst, der noch vor dir liegt – ganz egal wie alt du bist. Und vor allem wünschen wir uns, dass sie dir helfen, Gott näher kennenzulernen. Denn wir glauben, dass er die größte Hilfe auf deinem Lebensweg ist, die du finden kannst.

CHRIS: »Wie spät ist es denn eigentlich?«, denke ich, als ich verschlafen ins Sonnenlicht blinzle. Kurzer Uhrencheck. »Was, schon 11:00 Uhr! So spät!? Hätte ich doch gestern Abend nicht noch bis 3 Uhr nachts am PC gezockt. Chris, du Vollpfosten«, schimpfe ich mit mir selber. »Jetzt ist der halbe Tag schon vorbei und ich muss doch heute noch so viel erledigen.« Eigentlich wollte ich endlich mal anfangen, die Bewerbungen für das Praktikum zu schreiben. Ich spiele mit dem Gedanken aufzustehen, aber mein Körper fühlt sich irgendwie noch wie erschlagen an. War ja auch eine zähe Woche. »Also komm, Junge, aufstehen, an den Rechner setzen und Bewerbungen schreiben.«, pushe ich mich. Mit voller Motivation öffne ich das Programm und lege meine Bewerbungsdatei an. »Gut, was schreibe ich jetzt?«, überlege ich. »›Mit Interesse habe ich Ihre Homepage angesehen.‹ ... Ne, total unkreativ. Mann, mir fällt nichts ein – erst mal was zu essen holen ... oder doch kurz noch gemütlich eine Runde zocken? Oh, Mann ... Keine Motivation!« Verzweifelt werfe ich mich von meinem Schreibtischstuhl aufs Bett und stecke meinen Kopf unter das Kopfkissen. »Was soll ich nur mit meinem Leben anfangen? Ich würde so gerne mehr machen, aber ich weiß nicht, was?« Noch während ich darüber nachdenke, fallen meine Augen zu, und ich bin wieder eingeschlafen.[a]

---

[a] »So wie sich eine Tür in ihren Angeln dreht, so wälzt sich auch ein fauler Mensch in seinem Bett« (Sprüche 26,14).

TOBI: Egal, was es ist, was du mal machen willst, eines ist Fakt: Du kannst mehr, als du denkst! Das gilt nicht nur für Chris, sondern auch für dich und mich. Um dir das zu erklären, möchte ich kurz zum Anfang deines Lebens springen, in den Bauch deiner Mutter, um genau zu sein:[1] Nach ungefähr fünf Wochen beginnt dein Herz mit 140 bis 180 Schlägen pro Minute im Mutterleib zu schlagen. Arme, Beine und Muskeln entwickeln sich, mit denen schon jetzt komplexe Bewegungen möglich werden. Es bilden sich Hände, ausgestattet mit Abertausend Berührungssensoren, die zu feinfühligen und gleichzeitig kräftigen Werkzeugen werden. Sie können mehr, als nur mit dem Controller Tore bei Fifa schießen.

Nach acht Wochen entstehen Augen, Mund, Nase und Ohren. Sie helfen dir, Zigmillionen Reize in deiner Umgebung gleichzeitig aufzunehmen. In deinem Gehirn entsteht ein Netzwerk von Nervenzellen, das dazu angelegt ist, alle diese Reize zu verarbeiten und Tausende Vorgänge im Körper zu steuern. Dein Gehirn kann eine Datenmenge von zehn Milliarden Rechenoperationen pro Sekunde verarbeiten! Enorm!

DU KANNST MEHR, ALS DU DENKST.

Ein paar Wochen später kommst du dann auf diese Welt, ausgestattet mit einem Körper der Superlative: mit hundert Billionen mikroskopisch kleinen Einzelteilen, fantastisch aufeinander abgestimmt und eingespielt. Du bist im Besitz eines Systems mit scheinbar grenzenlosen Lernmöglichkeiten, mit Vorstellungskraft und Kreativität. Du bist dafür ausgerüstet, auf dieser Erde einen Unterschied zu machen. **Und jetzt? Was wirst du mit dieser phänomenalen Hightechausstattung machen?**

1.1 IST DAS WIRKLICH ALLES?

TOBI: Wahrscheinlich wirst du das machen, was die meisten tun. Für die Mehrheit von uns beginnt nach der Geburt ein ähnlicher Weg. Als Kleinkind kommen wir früher oder später in den Kindergarten, um so früh wie möglich mit der optimalen Förderung loszulegen. Wir besuchen dann die Schule, um einen guten Ausbildungsplatz zu bekommen. Wir machen unsere Ausbildung, um einen guten Job zu bekommen. Anschließend üben wir unseren Beruf aus, um möglichst viel Geld zu verdienen. Wir arbeiten, solange es irgendwie geht, um noch genug Kohle für die Rente zu haben. Nach einigen Jahren mit Kaffeefahrten, Seniorentreffen und »Früher war alles besser«-Unterhaltungen sterben wir dann eines Tages. Das war es dann auch schon wieder mit unserem Leben.

Vielleicht hört sich das für manche Leute ganz normal an. Sie sagen: *»So ist das halt.«* Aber ist das wirklich schon alles? Sind das die Ziele, die unseren Alltag bestimmen sollten? Gibt es nicht noch mehr, was wir aus unserem Leben machen können? Mehr, als nur zu lernen, um zu arbeiten, und zu arbeiten, um einigermaßen gut zu leben? Ist das, was wir machen, tatsächlich alles, wozu wir in der Lage wären?

Es gibt einen ganz einfachen Grund, weshalb du dir größere Ziele setzen solltest und darfst. Und der lautet:

Trommelwirbel!
Weil du es kannst!
Weil du viel mehr erreichen kannst, als du eigentlich denkst. Weil du die Ausstattung dafür mitbringst!

Ich habe mal einen Versuch gesehen, in dem ein serienmäßig ausgestatteter Porsche Cayenne einen Airbus A380 gezogen hat. Das hat mich echt beeindruckt. Ja, ein Cayenne ist zwar ein starkes Auto, aber hättest du gedacht, dass er das kann? Mir schoss damals folgender Gedanke in meine grauen Zellen: Oft unterschätzen wir völlig, welche Fähigkeiten in uns gelegt wurden. Wir können das nutzen! Das Leben hat mehr zu bieten, als einfach nur irgendeinen Job zu machen und unsere Freizeit mit dem Fernseher und dem Smartphone zu verbringen.

1.2 THERE IS MORE!

TOBI: Vielleicht hast du schon einmal über diese Aussage nachgedacht. Ich finde, man kann fühlen, dass da noch mehr in uns ist. Aber oft beschäftigen wir uns nicht weiter damit. Denn wo fängt man am besten an? Und wie tief sollte man graben? Man will auch nicht zu »verkopft« sein. Anstatt sich mit dem Thema auseinanderzusetzen, ergreift man also die erstbesten Möglichkeiten, schwimmt mit dem Strom und lässt sich von Alltagssorgen und To-dos leiten. So fließt das Leben an uns vorbei, Woche für Woche, Jahr für Jahr. Mit achtzig Jahren kann man sich ja dann mit solchen Wozu-Fragen beschäftigen – im Schaukelstuhl bei einem Gläschen Wein.

Ich ermutige dich: Geh diese Themen schon früh im Leben an und kläre deine offenen Fragen jetzt![2] Denn es wird Auswirkungen haben und den Verlauf deines Lebens grundlegend positiv beeinflussen.

> Mach uns bewusst, wie kurz das Leben ist, damit wir unsere Tage weise nutzen!
> PSALM 90,12; HFA

Chris und ich werden versuchen, mit dir gemeinsam manche gewohnten Einstellungen und Meinungen zu hinterfragen und dir die ein oder andere neue Sichtweise zu zeigen. Was du beim Lesen daher benötigen wirst, ist eine gesunde Mischung aus kritischem Prüfen und Offenheit für Neues.

> Immer und aus Prinzip skeptisch zu sein, ist intellektuell und moralisch selbstzerstörerisch. Umgekehrt: Die erste Idee zu übernehmen, die verspricht, deine tiefen emotionalen Bedürfnisse zu erfüllen, wird dir auch nicht helfen, irgendwelche Fragen zu beantworten.
> DR. TIMOTHY KELLER
> (PASTOR DER REDEEMER CHURCH IN NEW YORK CITY)[3]

Etwas zu prüfen, ist deshalb sinnvoll, weil die Aspekte der Themen sehr individuell sein können. Deine Lebenssituation bestimmt, welche Aussagen auf dich zutreffen, ob du zum Beispiel gerade eher im Burnout- oder Bore-out-Modus läufst. Ich glaube außerdem, dass du deutlich mehr für dein Leben mitnehmen wirst, wenn du beim Lesen Offenheit mitbringst: »*Ist das Thema relevant für mich? Nein! Oder doch?*« Offen sein ist wichtig, da man schnell geniale Gedanken verpassen kann, wenn man denkt: »*Boring! Ich kenn das doch schon alles!*«

Das Buch ist zum Weiterdenken gedacht, um am Ende zu mehr Erkenntnissen in deinem Leben zu kommen, als wir sie dir aufzeigen können. *»Gibt es bei mir eine vergleichbare Situation? Was könnte das für mich bedeuten?«* Gönn dir für solche Fragen nach dem ein oder anderen Abschnitt eine Pause, um darüber nachzudenken. Nimm dir genügend Zeit beim Lesen, da in einigen kurzen Abschnitten viele Informationen stecken.

1.3 BREAKING NEWS: DIE WELT BRAUCHT DICH!

TOBI: Wenn man sich in der Welt umschaut, dann scheint es ein Muster zu geben. Viele Menschen, denen es im Leben hauptsächlich um Anerkennung, Geld und Macht geht, werden ihr Leben lang auch alles dafür tun, genau in den Berufen zu landen, in denen Anerkennung, Geld und Macht eine große Rolle spielen. Sie studieren das, wofür man hohes Ansehen erlangt, sie bewerben sich in erster Linie für Jobs, bei denen man die höchsten Gehälter kassiert, und kaufen sich Bücher, die Titel haben wie *Die drei Schritte zum CEO!* oder *Wie du deine erste Million verdienst*.

Im Gegensatz dazu gibt es auch einige, denen es überhaupt nicht um Anerkennung, Geld oder Macht geht. Man hört von ihnen Sätze wie: *»Ich brauche nicht viel im Leben und bin zufrieden mit dem, was ich habe.«* Solche Leute findet man oft in unspektakulären Positionen. Auf der einen Seite bewundere ich ihre Charakterstärke und ihren selbstlosen Einsatz für andere. Es ist ein großer Schritt, eine Persönlichkeit entwickelt zu haben, die resistent gegen Verlockungen wie Reichtum, Ruhm und Macht ist. Auf der anderen Seite muss man gleichzeitig vorsichtig sein, dass so ein Mindset nicht dazu führt, dass das in jedem Menschen vorhandene Potenzial ungenutzt bleibt.

RISKIER EINEN ZWEITEN BLICK

Es gibt Personen in meinem Umfeld, die sagen: »*Weißt du, ich muss nicht unbedingt mein Ego pushen und einen Job bekommen, bei dem man im Rampenlicht steht.*« Bescheidenheit ist eine positive Sache, aber wenn ich bei einigen von ihnen genauer hinsehe, denke ich mir oft: »**Könnte es nicht sein, dass du genau wegen dieser Einstellung so wertvoll für eine solche Position wärst?**«

Stell dir vor, wie sehr es unsere Welt verändern würde, wenn mehr Menschen mit einem bescheidenen, liebevollen und friedlichen Herzen beispielsweise politische Positionen besetzen würden. Politische Konflikte und Kriege, über die wir täglich in den Nachrichten lesen, würden wahrscheinlich anders verlaufen oder könnten sogar vermieden werden. Chefs oder Chefinnen mit so einer Einstellung würden an Mitarbeitenden nicht all ihren Frust auslassen, sondern wertschätzend mit ihnen umgehen. Sie würden Firmenwerte einführen, die nicht nur auf wirtschaftlichen Profit ausgerichtet sind, und sich bemühen, ihre Mitarbeitenden zu fördern. Verkäufer würden vielleicht eher das verkaufen, was wir wirklich brauchen, anstatt die eigene Provision in den Vordergrund zu stellen. Entscheidungsträger in diversen Medien würden nicht mehr das veröffentlichen, was zu höheren Auflagen oder Einschaltquoten führt, sondern für Wahrheit kämpfen. Sportler und Prominente würden sich stets bemühen, auch menschlich Vorbilder zu sein.

So ein Mindset in der richtigen Position kann weitreichende Wellen schlagen. Natürlich hat jeder Mensch unterschiedliche Begabungen und nicht jeder wird in allen Positionen sein Potenzial entfalten. Aber völlig unabhängig davon, was du machst oder machen wirst, grundsätzlich glaube ich, **unser Herz sollte bescheiden sein, nicht unser Leben.**

RAUS AUS DER CHILL-OUT-AREA

Dann gibt es noch die sogenannten *Chiller.* Sie haben ein freundliches, aufrichtiges Herz, aber sind hauptsächlich damit beschäftigt, dass es ihnen selbst gut geht. Sie träumen vom *Good Life,* zum Beispiel an einem einsamen Strand, und möglichst wenig Arbeit. Das treibt sie bei der Wahl ihres Jobs an. Sie realisieren aber vielleicht nicht, wie sehr sie der Welt helfen könnten, wenn sie ihre Fähigkeiten für andere einsetzen würden. Wenn du dich da wiederfindest, würde ich dir gerne sagen: Die Welt braucht dich, in all ihren Bereichen!

Dieses Thema beschäftigte die Bevölkerung auch schon vor Tausenden von Jahren. In der Bibel findet man in einem 2000 Jahre alten Text folgende Aufforderung:

> Ihr seid das Licht der Welt. Eine Stadt, die auf einem Berg liegt, kann nicht verborgen bleiben. Auch zündet niemand eine Lampe an und stellt sie dann unter ein Gefäß. Im Gegenteil: Man stellt sie auf den Lampenständer, damit sie allen im Haus Licht gibt. So soll auch euer Licht vor den Menschen leuchten.
> JESUS, IM 1. JAHRHUNDERT[4]

Du, ja dich meine ich! Du bist dafür gemacht, ein Licht zu sein. Versteck dich nicht unter einem »Gefäß«, hinter einem Mantel der Bescheidenheit oder in einer Hängematte der Bequemlichkeit. Sondern geh da raus, wo man dich bemerkt, und mach einen positiven Unterschied! Es ist erst mal zweitrangig, was du genau machst. In dir steckt mehr und deshalb kannst du mit deinem Beruf, deiner positiven Einstellung, deinen Leidenschaften, deinen Begabungen, deinem Wissen, deiner Energie diese Welt erhellen!

Wir brauchen innovative Forscher, die Technologien für die Zukunft konzipieren. Wir brauchen Menschen, die unsere Gesellschaft so beeinflussen, dass wir nachhaltig und fair mit den Ressourcen umgehen. Es braucht helle Köpfe, die bei Social Media verantwortungsbewusst Entscheidungen treffen, damit diese Plattformen einen positiven Einfluss auf die Menschheit haben. Persönlichkeiten mit Herz, die in der Justiz für Gerechtigkeit sorgen. Nicht zu vergessen: Mütter und Väter, die sich in unsere zukünftige Generation investieren, sowie engagierte Lehrer, die junge Leute für Bildung begeistern und Begabungen in den verschiedensten Bereichen fördern. Menschen in Gemeinden, die aus Religion keine moralischen Regelwerke machen, sondern den Frieden, die Liebe und die Wahrheit in verständlichen Worten weitergeben können. Wir brauchen Personen, die Ideen haben, wie Senioren wieder mehr als nur Rentner sein können. Wir benötigen kreative, leidenschaftliche Menschen in allen Bereichen der Kunst, die dafür sorgen, dass diese Welt nicht nur funktioniert, sondern auch wunderschön wird und Freude macht.

Es gibt so viel mehr! Völlig egal, ob du bei deinem Job im Geld schwimmst oder mit ganz wenig zurechtkommen musst. Egal, ob du viel Macht hast oder wenig, ob du berühmt oder nur für eine Person wichtig bist. **Fakt ist: Diese Welt braucht dich!**

1.4 DU HAST EINZIGARTIGE MÖGLICHKEITEN

CHRIS: Es gab eine Phase in meinem Leben, da hatte ich ein Bild von einem Mercedes CLS als Bildschirmhintergrund auf meinem PC. Ich träumte davon, eines Tages so ein Auto zu fahren. Ich wollte Karriere machen, um viel Geld zu verdienen und ein gutes Luxusleben voller Ansehen zu führen. Doch diese Einstellung veränderte sich in den ersten Jahren, nachdem ich Christ geworden war. Mein Verlangen nach Statussymbolen ging stark zurück und Geld spielte nur noch eine kleine Rolle in meinem Leben. Bis ich eines Tages eine Reportage über eine Schule in Kambodscha anschaute, die armen Kindern Bildung ermöglicht. Als ich die Bilder sah, war ich begeistert von der Idee und dem Engagement der jungen Menschen vor Ort. Ich wollte das Projekt so gerne unterstützen, aber ich war mal wieder pleite. Mehr als 1,50 € konnte ich nicht spenden. Das war alles, was mein Geldbeutel hergab. Da Geld nicht mehr den hohen Stellenwert in meinem Leben hatte, hatte ich auch nur wenig finanzielle Mittel, um das Projekt aus dem Film zu supporten.

An diesem Tag hatte ich einen Gedanken, der meine Sichtweise auf Finanzen noch einmal veränderte: »*Stell dir vor, was du anderen Menschen ermöglichen könntest, wenn du deine Möglichkeiten nutzen würdest.*« Es geht nicht darum, möglichst viel Geld zu bekommen, sondern darum, was man mit Geld bewirken kann. Das Ziel ist nicht, möglichst viel Macht und Einfluss zu erlangen, sondern das, was man mit Macht und Einfluss verändern kann.[5]

Mit meiner ganzen Lebensführung habe ich euch gezeigt, dass wir Arbeit und Mühe nicht scheuen dürfen; denn dann können wir den Bedürftigen helfen, wie es unsere Aufgabe ist. Denkt immer an die Worte, die Jesus, der Herr, selbst gesagt hat: **Auf dem Geben liegt ein größerer Segen als auf dem Nehmen.**
APOSTELGESCHICHTE 20,35; NGÜ

JACKPOT – DIE BESTE ZEIT JEMALS!

Vielleicht denkst du auch: *»Ich habe keine besonderen Möglichkeiten, aus denen ich etwas machen könnte. Wie soll ich es schaffen, etwas zu erreichen? Ich habe keine einflussreichen Freunde, keine reichen Bekannten oder Eltern, die mich beim Studium finanziell unterstützen oder deren Firma ich mal übernehmen könnte. Bei anderen, da ist alles happy-clappy, aber bei mir nicht!«*

Lass dich durch die Umstände nicht limitieren: Egal, ob du aus einfachen Verhältnissen kommst oder ob deine Eltern Millionäre sind: Die Angebote in einem Land wie Deutschland sind einzigartig, und das gerade für junge Erwachsene! Allein dass du im 21. Jahrhundert leben darfst, ist eine unvergleichliche Ausgangssituation, fast wie ein Sechser im Lotto.

Als ich einmal durch das Fotoalbum meiner Oma blätterte, stellte ich fest, dass unser jetziger Lebensstandard eigentlich noch gar nicht so lange normal ist. Noch bis Mitte des letzten Jahrhunderts holperten in den Dörfern vor allem Pferdekutschen über provisorische Straßen, Schule war nicht für alle drin. Und wenn, dann oft nur verkürzt. Viele Kinder mussten auf den Höfen der Eltern schon früh mithelfen. Meine Großeltern erlebten noch die Auswirkungen von einem Weltkrieg und mussten sich Sorgen um Nahrung und das pure Überleben machen. Unser Sozialsystem heute macht so etwas wie Hunger in unserem Land fast unmöglich. Wir haben dank dem Ausbleiben von Kriegen, verbesserter medizinischer Versorgung und der Ernährungslage die höchste Lebenserwartung, die Menschen je hatten. In Deutschland haben wir die Möglichkeit, eine fast kostenlose Ausbildung inklusive Krankenversicherung, Kindergeld und Bezuschussung für Auslandssemester zu absolvieren. Bis vor 150 Jahren durften Frauen noch nicht mal studieren. In Phasen, in denen ich antriebslos war, war mir das so nicht bewusst. Aber im Nachhinein ist mir immer mehr klar geworden, welche Privilegien unsere Generation hat, eben weil wir in dieser Zeit leben.

Unsere Eltern sind völlig ohne Smartphone und Computer aufgewachsen. Kommunikation funktionierte bei ihnen mit einem Münztelefon und anstatt E-Mails wurden Briefe verschickt, die manchmal wochenlang per Post unterwegs waren. Wenn sie eine Information benötigten, mussten sie in die nächste Bibliothek fahren und hoffen, dort ein aktuelles Buch dazu zu finden. Bei meinem Opa stehen heute noch die Brockhaus-Lexika herum – zwar total veraltet, aber macht sich ja gut im Bücherregal. Wir müssen heute nicht ewig auf eine neue Enzyklopädie-Ausgabe sparen, denn (erst!) seit dem Jahr 1991 können wir auf so etwas wie das Internet zugreifen. Per Mausklick haben wir jederzeit Zugang zu fast grenzenlosem Wissen von Experten aus der ganzen Welt.

> Wehrt euch gegen die Ansicht, dass wir von Mächten umgeben sind, die wir nicht kontrollieren können. Noch nie zuvor gab es bessere Mittel; etwas zu verändern, um ein besseres Großbritannien, ein besseres Europa, eine bessere Welt zu bauen. ... Eure Möglichkeiten, diese Welt zu gestalten, sind unübertroffen.[6]
>
> BARACK OBAMA, IN EINER REDE IM JAHR 2016 AN JUNGE LEUTE

Ja, es stimmt, wir beschweren uns über vieles. Aber seien wir mal ehrlich: Wir haben heute **vor allem hier in Deutschland die besten Möglichkeiten und Voraussetzungen, die die Menschheit jemals hatte!**

Was machen wir daraus? Wir verbringen unsere Zeit mit den eigenartigsten Sachen. Wir fahren Abend für Abend ins Fitnessstudio, damit wir morgens mehr essen können. Wir verbringen jede freie Minute auf Social Media, um uns das Leben von anderen Leuten anzuschauen oder um unseren eigenen Account aufzupimpen. Wir verbringen Stunden mit Smartphone-Games, wo wir dreimal am Tag unsere virtuellen Hühner füttern – ist das nicht verrückt?

Die vielen Chancen und Möglichkeiten, die Verlockungen des Alltags machen das Leben nicht unbedingt einfacher. Vielleicht geht's dir wie mir (damals) und du fragst dich: **»Okay, aber was soll ich machen?«**

TOBI: Finden wir es heraus!

Eure Möglichkeiten, die Welt zu verändern, sind unvergleichlich.

— Barack Obama

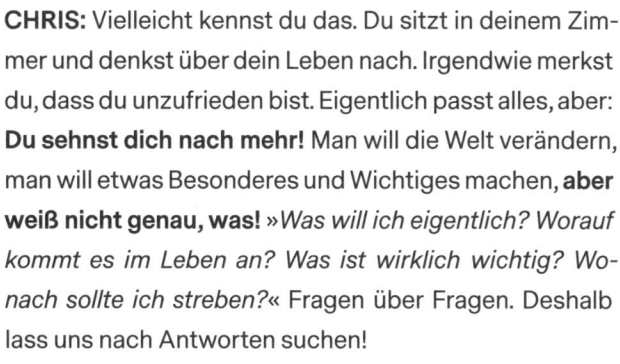

CHRIS: Vielleicht kennst du das. Du sitzt in deinem Zimmer und denkst über dein Leben nach. Irgendwie merkst du, dass du unzufrieden bist. Eigentlich passt alles, aber: **Du sehnst dich nach mehr!** Man will die Welt verändern, man will etwas Besonderes und Wichtiges machen, **aber weiß nicht genau, was!** »*Was will ich eigentlich? Worauf kommt es im Leben an? Was ist wirklich wichtig? Wonach sollte ich streben?*« Fragen über Fragen. Deshalb lass uns nach Antworten suchen!

Ich befragte einmal Senioren über ihr Leben. Aus ihren Erzählungen, wie sie über Ausbildung, Berufswahl, Lebensziele etc. entschieden haben, habe ich im Kern oft ein zentrales Kriterium herausgehört: Sicherheit. Geprägt von Krieg, Zerstörungen, Flucht, Hunger und Leid hatten sie als junge Leute andere Ziele für ihr Leben als wir heute. Verständlicherweise.

Wenn ich mich dann mit Menschen aus unserer Elterngeneration unterhielt, die in der Zeit des Wiederaufbaus in Deutschland aufwuchsen, tauchte hauptsächlich ein anderes Thema auf: Leistung. Leistung, die den Wert eines Lebens definiert, Karriere als etwas Superwichtiges. Menschen dieser Altersgruppe mussten sich nicht mehr in dem Ausmaß wie unsere Großeltern Sorgen ums Überleben machen. In ihrer Zeit begann der Begriff *Workaholic* immer öfter aufzutauchen.

Und wir? In unserer Generation heute kann man beobachten, wie sich die Antwort auf die Frage, worauf es im Leben ankommt, erneut verändert. Das weiß ich aus eigener Erfahrung:

Ich finde, das Wichtigste ist, dass man glücklich ist.

CHRIS MIT 17 JAHREN, INSPIRATIERT AUS EINER ZEITSCHRIFT

Wir haben die harte Arbeit unserer Eltern beobachtet. Gesehen, dass die Arbeit nie aufhörte und die Bedürfnisse nie gesättigt waren. Trotz ihres Erfolgs schienen viele mit ihren Titeln und ihrem Besitz irgendwie unglücklich. So ein Leben wirkte ziemlich unsexy auf mich, so wollte ich nicht werden. Ähnlich dachte auch ein weiser Mann, der in der Bibel Prediger genannt wird: *»Was hat ein Mensch davon, wenn er sich sein Leben lang müht und plagt?«*[7] Warum sollte man sein Leben lang nur arbeiten? Das fragen sich noch mehr Menschen in meiner Generation. Als ich Studierende vor der Unibibliothek danach fragte, was für sie das Wichtigste im Leben ist, kam früher oder später immer dieselbe Antwort: *»Ich möchte glücklich sein!«* Irgendwie logisch, oder? Oder nicht?

2.1 DU KANNST MEHR, ALS NUR GLÜCKLICH ZU SEIN!

CHRIS: Achtung, jetzt wird es provokant. Es ist ein Riesenprivileg, dass wir in Deutschland nachts keine Angst vor Fliegerbomben haben müssen. Oder uns, anders als unsere Großeltern in unserem Alter, keine Sorgen um Nahrungsmittel machen müssen. Ich finde, dass es genial ist, dass Menschen erkennen, dass Job, Geld oder Anerkennung nicht alles ist, sondern dass wir in unserem Leben auch glücklich sein sollten. Glücklich sein ist wichtig! Aber ist es wirklich das Wichtigste? Ist der Slogan *»Mach das, was dich glücklich macht!«* wirklich immer ein guter Ratschlag? Ist es wirklich das, wonach wir in unserem Leben an oberster Stelle streben sollten?

TOBI: Nein, ich denke nicht. Ich glaube, **wir alle können mehr, als nur glücklich zu sein.** Wenn das Primärziel meines Lebens ist, dass ich glücklich werden will, wird es in erster Linie nur um mich gehen. Ich würde mich spätestens in kritischen Situationen für das entscheiden, was für mich selbst am besten ist. Und so auf meiner kleinen Insel namens *Glück* irgendwann wahrscheinlich ziemlich alleine sein.

Martin Luther King, der berühmte Pastor und Bürgerrechtler aus den USA, war als junger Erwachsener wahrscheinlich von außen gesehen nicht sehr viel anders als du und ich. Er ging zur Schule, hatte vielleicht null Bock auf Mathe, studierte später an einer Hochschule und fing dann mit dem Arbeiten an. Nehmen wir mal an, er hätte mit einundzwanzig diese innere Einstellung gehabt: »*Mein wichtigstes Ziel ist, dass ich glücklich werde. Ich möchte einen Job, der mir jeden Tag Spaß macht, eine tolle Frau finden und dann den Rest meines Lebens in einem gemütlichen Haus am See verbringen: morgens nach den Gladiolien im Garten schauen, mittags ein bisschen angeln und abends eine Pfeife rauchen.*« Die Aussage ist natürlich frei erfunden und wir können heute sehr dankbar sein, dass King nicht einfach »nur« glücklich werden wollte. Wie gesagt, das sind alles gute Ziele, die ich in seinen fiktiven Gedanken beschrieben habe, aber Martin Luther King wollte mehr als sein persönliches *Happy Life*.

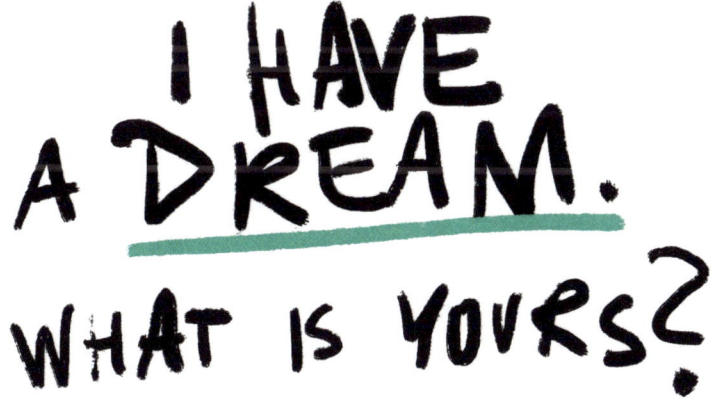

Er hätte es sich in seinem Leben deutlich einfacher machen können, wenn er die Erniedrigung und die Konflikte um sich herum einfach so hingenommen hätte. Stattdessen machte er sich Gedanken um die Situation und die Menschen in seinem Umfeld. Er glaubte daran, dass die Diskriminierung wegen der Hautfarbe in der amerikanischen Gesellschaft beendet werden konnte, und setzte sich dafür ein. Ich glaube nicht, dass »glücklich« der richtige Oberbegriff wäre, um sein weiteres Leben zu beschreiben. Aber **er wollte mehr als sein persönliches Glück.** Wenn man sich Kings Biografie anschaut, spürt man, wie viele Menschen ihn gehasst haben, in welcher Lebensgefahr er sich andauernd befand und wie viel Arbeit ihm sein Traum bereitet hat. Man erfährt, wie seine Ehe unter diesen Belastungen litt und dass seine Familie bedroht wurde. Ich bin mir aber sicher, trotz der harten Zeiten gab es auch viele schöne Momente in Kings Leben.

Er hat, wie viele andere Menschen, ein Stück dazu beigetragen, diese Welt friedlicher zu machen, auch wenn er dabei seinen eigenen Frieden und sein eigenes Glück zu einem gewissen Teil aufgeben musste. Ich denke, King hat nicht unbedingt das in den Fokus gestellt, was ihn glücklich gemacht hat. Er ist dem nachgegangen, was bedeutend und wichtig für die Gesellschaft seiner Epoche war. Sein Handeln macht auch heute noch einen großen Unterschied in unserer Lebenswirklichkeit.

Ja, glücklich zu sein ist wichtig. Aber Ziele können größer sein: Du kannst diese Welt ein Stück besser machen, indem du sinnvolle oder bedeutende Ziele verfolgst – auch wenn es dich etwas kosten wird.

Und es gibt nach wie vor noch viel zu tun. Sicher sind es heute und in deinem Leben andere Themen, aber wenn man sich umschaut, findet man solche Menschen wie King überall. Es sind Menschen, die sich mit Liebe und Ausdauer für eine positive Veränderung oder einen Fortschritt (selbst im kleinen Maßstab) einsetzen.

»*I have a dream*«, sagte Martin Luther King. Was ist deiner?

2.2 WELCHE JOBS SIND SINNVOLL?

CHRIS: Was genau sind solche sinnvollen oder bedeutenden Ziele? Mit neunzehn hatte ich folgende Einstellung dazu:

> Ich möchte einen Unterschied in dieser Welt machen. Ich will etwas Nützliches, etwas Sinnvolles machen. Ich will nach Afrika, ich möchte Brunnen in Dörfern bauen oder so was.
> CHRIS MIT 19 JAHREN, HAT GERADE SEIN ABI GEMACHT

Auch wenn dieser Wunsch auf den ersten Blick vorbildlich wirkt, muss ich heute rückblickend zugeben: Für diesen Job als Brunnenbauer wäre ich einerseits nicht sehr geeignet gewesen und hätte das andererseits hauptsächlich gemacht, um mein inneres Bedürfnis danach zu stillen, einen positiven Unterschied bewirkt zu haben.

NUR DIE RICHTIGE MOTIVATION?

TOBI: »*Tobi! Geh nach Afrika in die Mission!*« Früher habe ich immer Angst gehabt, dass ich das als Christ unbedingt machen musste. Aber mittlerweile weiß ich, dass das nicht zwingend im Lebenslauf eines guten Christen stehen muss. Ich kenne einige, die ähnlich wie Martin Luther King ihr eigenes Glück an zweite Stelle setzten. Voller Tatendrang tauschten sie ein komfortables Bett gegen eine Blechhütte in Afrika ein, weil sie etwas Sinnvolles machen wollten. Auch wenn das nicht mein Weg gewesen wäre, muss ich hier klar sagen, dass ich so ein Engagement bewundernswert finde! Ich bin überzeugt, dass solche Erfahrungen einem die Augen öffnen und man vielleicht sogar zum ersten Mal erkennt, wie sehr andere Menschen unsere Hilfe brauchen.

Ich möchte jeden ermutigen, die Not, die es in vielen Ländern gibt, einmal selbst gesehen und erlebt zu haben. Aber bevor du diesen Schritt gehst, solltest du ehrlich zu dir sein und dich erst mal durchleuchten: Wenn du nur deswegen hilfst, weil es sich gut anfühlt oder gut in deinem Lebenslauf aussieht, du aber gar nicht die Begabungen für die Tätigkeit besitzt, dann kann es passieren, dass du vor Ort nicht besonders nützlich sein wirst.

Ein einfaches Beispiel: Du bist ein motivierter Abiturient und willst in einem Krankenhaus in einem Entwicklungsland arbeiten. Das Problem dabei ist, dass du aber jedes Mal sofort, zack bum, umkippst, wenn du Blut siehst. Schwierig! Oder du findest es nicht so prickelnd, wenn sich jemand übergibt und du es wegwischen musst. Wenn du gleich daneben spuckst, weil du dich ekelst, ist das für die Menschen vor Ort auf Dauer keine sooo große Hilfe. Worauf ich hinauswill: **Selbst die sinnvollste Arbeit ist nicht unbedingt sinnvoll, wenn man nicht die Begabung, die Fähigkeiten und die Leidenschaft für diesen Job hat.**

Atme kurz durch ...

... und mach dir bewusst: Es ist wichtig, dass du dein Leben nutzt:
- weil du viel mehr kannst, als du häufig denkst,
- weil die Welt dich braucht
- und weil du eine außergewöhnlich gute Ausgangssituation geschenkt bekommen hast.

Du kannst noch mehr, als nur selbst glücklich zu werden. Du kannst etwas Bedeutendes, also etwas Sinnvolles, tun. Und eine der wichtigsten Voraussetzungen, dass dein Einsatz sinnvoll werden kann, ist, dass du auch die Begabungen dafür hast.

BERUFEN FÜR ... WOFÜR DENN?

CHRIS: Ich habe einen jungen Mann getroffen, der gerade in New York an seiner Doktorarbeit in Mathe arbeitete. Ein Mathestudium in New York – zu 90 Prozent wird man damit an der Wall Street landen! Er ging in die Hillsong Church, eine Kirche, die sich unter anderem sehr stark für hilfsbedürftige Menschen einsetzt. Ich verstand damals nicht, warum er Mathe studiert, wenn er damit doch sehr wahrscheinlich einer, aus meiner damaligen Sicht, eher sinnlosen Tätigkeit an der Börse nachgehen würde. Als ich mich mal mit ihm über das Thema »*Was ich in meinem Leben machen soll*« (Christen nennen das Berufung) unterhielt, erzählte er mir Folgendes:

> Wir machen uns so viele Gedanken, was genau unsere Berufung sein könnte. Dabei ist es ganz einfach: Sie ist da, wo sich deine größte Leidenschaft mit den größten Bedürfnissen dieser Welt überschneidet. Und momentan arbeite ich daran, meine Leidenschaften zu entdecken.
>
> SAM, STUDENT FÜR ANGEWANDTE MATHEMATIK

TOBI: »*Ich will etwas Sinnvolles in meinem Leben machen!*« sagen mir viele junge Erwachsene. »*Das ist super! Aber was denn ganz genau? Und wie willst du es schaffen, dass es dann auch eine sinnvolle Tätigkeit für dich und andere wird?*«, frage ich dann gern zurück.

Sam aus deinem Beispiel hat da bereits eine gute Antwort gefunden: Er begann damit, seine Leidenschaft zu entdecken, Interessen aufzubauen und Fähigkeiten zu trainieren. Auf diesem Weg schaute er dann, wie er diese Talente einsetzen und mit seinen Möglichkeiten etwas Bedeutendes machen konnte. Anstatt einfach irgendwas »Sinnvolles« zu tun (zum Beispiel im Krankenhaus zu helfen), **begann er sich selbst**

besser kennenzulernen. Und erst danach stellte er sich die Frage: *»Wie und wo kann ich mit meinen individuellen Begabungen einen Mehrwert für diese Welt schaffen?«*[8]

Der erste Schritt ist, anzufangen deine Fähigkeiten zu entdecken. Die folgenden Seiten sollen dir helfen, genau das zu tun. Wir werden uns mit deinen Talenten auseinandersetzen. Die Mühe wird sich lohnen, es ist eine gut investierte Zeit!

2.3 WEISST DU EIGENTLICH, WAS DU KANNST?

CHRIS: Vielleicht kennst du deine Begabungen, vielleicht auch nicht. Im Rückblick gesehen habe ich bei der Frage *»Wofür bin ich bestimmt?«*, ob bei der Ausbildungswahl oder der Jobsuche, zwei Denkfehler gemacht:

1.) Ich dachte, ich weiß, was meine Begabungen sind.
2.) Ich dachte, ich weiß, was meine Begabungen nicht sind.

Ein konkretes Beispiel: Ich glaubte immer, dass mir Chemie überhaupt nicht liegt. In der Schule habe ich es einfach nicht gecheckt, meine Noten waren mittelmäßig und ein Kreislauf begann: Ich habe immer seltener die Hausaufgaben gemacht und auch weniger im Unterricht aufgepasst. Kein Wunder, dass ich am Ende nichts mehr verstanden habe. Die Folge: Die Bewertungen rutschten in den Keller und meine Meinung über meine Chemiefähigkeiten ebenfalls. »*Egal*«, dachte ich, »*brauch ich ja sowieso nie mehr.*«

Als ich mich dann ein paar Jahre später im Wirtschaftsingenieur-Studium für das Thema meiner Bachelorarbeit entscheiden sollte, bekam ich das Angebot, eine Versuchsanlage im Abwasserbereich einer Bio-Lebensmittelfirma zu betreuen. Ich hatte meine Zweifel:

- Problem 1: Die Arbeit hatte sehr viel mit Chemie zu tun.
- Problem 2: Ich hätte dafür meine Studienstadt München mit all meinen Freunden verlassen und stattdessen vorübergehend in ein kleines Dorf nördlich von Freiburg ziehen müssen.
- Problem 3: Eigentlich wollte ich Manager in einem Unternehmen mit schicken Anzügen werden und nicht in eine dreckige Versuchsanlage gehen.

Doch irgendwie reizte mich die Herausforderung. Den Bau von großen Anlagen fand ich spannend. Die neue Technologie, um Wasser wieder zu reinigen, war schon irgendwie cool. Dazu kam, dass ich im Gebet den Eindruck hatte, es zumindest mal auszuprobieren. Trotz allen Kontra-Punkten auf meiner Liste schob ich meine Bedenken zur Seite und sprang ins kalte (Ab-)Wasser.

Zu meiner Überraschung stellte sich heraus, dass die praktische Arbeit in der Versuchsanlage in mir eine Leidenschaft für Chemie entfachte. Ich hatte beim Projekt recht viel Freiraum und durfte mir nach einiger Recherche selbst Versuche überlegen und durchführen, um das Abwasserproblem der Firma zu lösen. Auch wenn ich bis zu diesem Zeitpunkt Chemiebücher, so gut es ging, umgangen hatte, fand ich die Themen plötzlich spannend. Und das Wissen aus diesen Büchern half mir jetzt, Lösungen zu finden. Trotz Kälte, Dreck und Regen stellte ich fest, dass Chemie, unabhängig von meinen immer noch minimalen Kenntnissen, doch nicht so fade war, wie ich immer dachte. Die Arbeit machte mir sogar so viel Spaß, dass ich nach vier Monaten meinen Chef bat, meine Zeit zu verlängern. Und das, obwohl ich immer gedacht hatte, dass mir Chemie nicht liegt.

$$R-\underset{H}{\overset{H}{C}}=\underset{H}{C}-\underset{H}{\overset{H}{C}}-COOH$$

$$\heartsuit-O \quad CH_3-\underset{OH}{\overset{H}{C}}-CH_3$$

TOBI: »*Herr Teichen, sorry, aber ich hab echt null Check von dem ganzen Physikkram! So lame alles!*« Das war so ein Satz, der mich als Hauptschullehrer motiviert hat! Warum? Weil ich es super fand, gerade diesem Schülertyp zu erklären, warum Physik eigentlich cool ist. Ich habe es gefeiert, wenn dann genau dieser Schüler der Erste war, der den elektrischen Schaltkreis aufbauen wollte. Bei dem einen ist es Physik, bei dem anderen Chemie, stimmt's, Chris?

Warum erzähle ich das? Weil wir oft unterschätzen, was wir alles können (könnten). Ja, vielleicht fallen dir manche Fächer schwer. Vielleicht kannst du bisher noch kein Musikinstrument spielen, bist nicht sportlich oder hast keine Übung im Malen. Aber stell dir vor, du hättest damals nicht den öden Lehrer gehabt, der im Unterricht nur Zeitung gelesen hat, sondern jemanden, der dich von Anfang an mit coolen Projekten und Versuchen für die Naturwissenschaft begeistert hätte?[a] Was wäre, wenn dein bester Freund oder deine beste Freundin Chemie über alles geliebt hätte und ihr regelmäßig nach der Schule zusammen mit ihrem Experimentierkasten die wildesten Mischungen zusammengebraut hättet? Meinst du nicht, all das hätte etwas an deiner Leidenschaft für Chemie heute geändert? Vielleicht würdest du dann aktuell gerade das Material (Materialforschung = Chemie) für den schnellsten und leichtesten Sportschuh der Welt entwickeln. Das gilt auch für jedes andere Themengebiet, das du dir vorstellen kannst: Kunst, Musik, Physik ...

Ich glaube, du kennst nur den kleinen Teil an Begabungen und Leidenschaften, der bisher in deinem Leben schon die Chance hatte, zum Vorschein zu kommen. **Du kennst nur das, was du bis jetzt entdeckt oder entwickelt hast.** In dir steckt aber viel mehr und ich bin mir sicher, dass es deutlich mehr Bereiche gibt, die dir Spaß machen werden – und für die du Begabungen hast!

2.4 EINE GUT INVESTIERTE ZEIT

TOBI: Man kann sich mit vielen Dingen beschäftigen. Aber eine Sache, in die du unbedingt Zeit investieren solltest, ist, dir gut zu überlegen, was du machen möchtest und wo deine Begabungen liegen. Ralf, ein Geschäftsmann aus unserer Kirche, hat im Rückspiegel seines Berufswegs diese Erkenntnis gewonnen:

---

[a] Anmerkung von Chris: In meinem Fall lag es nicht an dem Chemielehrer, sondern daran, dass ich meine Hausaufgaben nie gemacht habe.

» Viele Leute denken über mich, dass ich »erfolgreich« bin. Ich arbeite als Geschäftsführer mehrerer Unternehmen und würde auch von mir behaupten, dass ich gut in dem Job bin und ihn ganz gerne mache. Ich fahre einen Sportwagen und besitze ein kleines Flugzeug. *»Läuft bei dir«,* würdest du mir vielleicht in einem Gespräch entgegnen. Das ist der Blick von außen auf mein Leben. Was allerdings kaum jemand weiß: Wenn ich heute an meine jungen Jahre zurückdenke, bereue ich es manchmal, dass ich mir damals nie die Zeit genommen habe, herauszufinden, was ich wirklich will und machen möchte. Kurz nach der Schule starb mein Vater und ich folgte meiner gefühlten (!) inneren Verpflichtung, das zu tun, was getan werden musste. Damals war das, unser Familienunternehmen zu übernehmen. Das hieß für mich, viel zu früh eine viel zu hohe Verantwortung auf mich zu nehmen, die mich sehr belastete. Es war keine bewusste Entscheidung auf Basis der Erkenntnis, was ich an Talenten habe und was mich interessiert – es war eine Option, die ich eher als Schicksal empfand.

Wenn ich heute auf meine Karriere zurückblicke, dann stelle ich fest, dass wir bei unserer Entscheidungsfindung Optionen brauchen. Vielleicht werden dir Option A und Option B angeboten, aber Option C hätte viel besser zu dir gepasst. Nimm nicht einfach nur das an, was dir gerade angeboten wird oder wo eine Tür aufgeht. Prüfe die Dinge und dann traue dich, deinen eigenen Weg zu gehen, unabhängig von dem, was deine Umwelt von dir erwartet oder was du denkst, dass jetzt das Richtige wäre. «

RALF, 49 JAHRE

TOBI: Meine Eltern hätten mich wahrscheinlich gern als Arzt gesehen. *Dr. Tobias Teichen, der Arzt, dem die Frauen vertrauen …* Wahrscheinlich wäre ich eher Klinik-Clown geworden! Aber nun bin ich Pastor, das entspricht mehr meinen perönlichen Begabungen. In den meisten Fällen treffen wir die Entscheidungen auf dem Berufsweg nicht wegen unserer Begabungen, sondern weil das zum Beispiel die Eltern für uns wollten, weil wir keine bessere Idee hatten, weil diese Ausbildung auch die beste Freundin oder der beste Freund gemacht hat, weil dort halt gerade ein Platz frei war oder weil man etwas angeboten bekommen hat. Vielleicht auch, weil das alle anderen Schüler mit dieser guten Abschlussnote studieren, oder einfach, weil man in diesem Berufsfeld gute Zukunftsaussichten hat. Egal, welches »Weil« es ist, lass dich nicht nur treiben, sondern nimm dir aktiv die Zeit, dich mit dem Thema auseinanderzusetzen. Dass du gerade dieses Buch liest, ist bereits ein guter erster Schritt.

2.5 ENTDECKE DEINE BEGABUNGEN – 7 TIPPS

TOBI: *Newsflash* – Jeder Mensch hat Begabungen! An mehreren Stellen in der Bibel wird beschrieben, dass Gott jedem von uns wichtige Gaben geschenkt hat. Manche Personen hat er zum Beispiel besonders begabt im Bereich *Fashion und Mode* (2. Mose 28,2), andere als Bauingenieure oder Architekten (2. Mose 31,1-6). Petrus berichtet davon in einem Brief an die Christen im damaligen Kleinasien:

> Jeder soll den anderen mit der Gabe dienen, die er von Gott bekommen hat. Wenn ihr das tut, erweist ihr euch als gute Verwalter der Gnade, die Gott uns in so vielfältiger Weise schenkt.
> 1. PETRUS 4,10; NGÜ[a]

Gott hat dich also auch mit vielen wunderbaren Eigenschaften ausgestattet. Als gute Verwalter müssen wir diese Gaben zuerst entdecken, trainieren und dann einsetzen. Hier sind sieben praktische Tipps, um genau das zu tun.

#1 WAS VERSETZT DICH IN SCHWINGUNG?

TOBI: Es kann hilfreich sein, sich den Lebenslauf anzuschauen, um daraus deine Stärken oder Begabungen für deinen zukünftigen beruflichen Weg abzuleiten. Wie eben beschrieben, wurden die Ereignisse in deiner Vergangenheit oft stark von äußeren Faktoren geprägt (Eltern, Umfeld,

---

[a] In Anlehnung an Timothy Keller: Vocation. Discerning your Calling. Podcast vom 17. 05. 2011. URL: https://gospelinlife.com/downloads/vocation-discerning-your-calling (zuletzt aufgerufen am 02.09.2021).

Schule …). Ich möchte dir deswegen ein alternatives Vorgehen[9] vorstellen: Fokussiere dich nicht zu sehr auf deine Stärken, sondern eher auf deine Neigungen (= Affinitäten, also was dich anzieht). Betrachte konkrete Bedürfnisse in der Gesellschaft um dich herum. Welche Bedürfnisse versetzen dich in Schwingung?

Mit anderen Worten: Was bewegt dich, was löst etwas in dir aus?[b] Schau dich um. Gibt es um dich herum Probleme, in deinem Umfeld oder in unserer Gesellschaft? Herausforderungen oder suboptimale Lösungen, die dich in Bewegung bringen? Bei welchem Thema fängst du an zu vibrieren, zu schwingen? Glas fängt zum Beispiel dann an zu schwingen, wenn ein Ton erschallt, der exakt die gleiche Schwingungsfrequenz hat. Was lässt dein »inneres Glas« erschallen? Was macht dich neugierig? **Indem du herausfindest, was dein Herz bewegt, kannst du deine Begabungen entdecken.**

---

[b] Ein passendes Beispiel in der Bibel: Als Nehemia das Klagen seiner Mitmenschen über die Ungerechtigkeit ihrer Unterdrücker hörte, bewegte ihn das. Er wurde wütend, handelte, indem er politisch aktiv wurde, und bewirkte dadurch einen Schuldenerlass für die arme Bevölkerung (Nehemia 5,6).

CHRIS: Als Jugendlicher störte es mich einmal, dass die Kosten für die neuen Trainingsanzüge in unserem Verein von den Sportlern selbst gezahlt werden mussten. Die Situation hat mich in »Schwingung« versetzt. Es hat mich ein bisschen geärgert, ich fand das ungerecht. Also habe ich an einem freien Abend angefangen, anstatt wie üblich Computer zu spielen, Ideen zu sammeln, wie man Sponsoren für den Verein finden könnte. Ich stellte meinem Trainer meine Ideen und mein Sponsorenanschreiben vor und bat ihn, ein paar Unternehmen kontaktieren zu dürfen. Er war einverstanden und ich legte los. Manche sagten ab, aber einige sagten auch zu. Das Ergebnis: Wir bekamen neue Trainingsanzüge und die Sportler mussten nichts mehr dafür bezahlen. Auch wenn es damals nur um kleine Beträge ging – es war eine Gelegenheit, bei der ich mein Verhandlungsgeschick, meine Beharrlichkeit und gewisse Marketingskills trainieren konnte.

> **Zum Nachdenken**
> Was versetzt dich in Schwingung? Was bewegt dich?
> Bei welchem Problem könntest du ein Teil der Lösung sein?

#2 SEI OFFEN!

TOBI: Ich glaube, ein Grund, warum wir heute so selten »in Schwingung« geraten, ist, weil wir uns mit so vielen Sachen beschäftigen, die uns nur wenig in Schwingung versetzen. Und das von morgens bis abends.
Ich bin auch so ein Kandidat für Smartphonesucht. Deshalb sperrt es mein Sohn an meinem freien Tag oft in einen kleinen Tresor. Habe ich

mein Telefon in der Nähe, geht's mir ähnlich wie vielen: Mein erster Blick beim Aufwachen geht oft auf das Handy. Social-Media-Feed, Nachrichten-App, WhatsApp-Nachrichten – keine fünf Minuten vom neuen Tag sind vergangen und schon sind die Gedanken voll mit Promiklatsch, Werbung und Urlaubsbildern unserer Freunde.

»Ich hätte auch gerne so einen Körper, so einen Partner, so ein Boot oder diese Berühmtheit wie ...« Noch während wir im Bett liegen, sind wir bereits neidisch auf andere und begehren ihr Leben, anstatt in unserem freien Kopf am Morgen **gute Gedanken für unseren eigenen Weg zu sammeln.** Weiter geht's: Beim Zähneputzen im Badezimmer hören wir in den Radionachrichten über Kriege und Terror. Auf dem Weg zur Arbeit oder zur Uni spielen wir Games. Beim Joggen abends läuft Musik und bei manchen der Fernseher in Dauerschleife. Wo sollen da Inspiration und eigene Ideen herkommen? Wann geben wir uns selbst noch Gelegenheiten zum Nachdenken?

CHRIS: Wenn ich mir meinen Alltag anschaue, muss ich zugeben, dass mein Kopf ununterbrochen mit irgendetwas beschäftigt ist. Hier zwei Geschichten aus meinem Leben, die mir zeigten, dass es auch anders geht:

1.) Als ich mich mit einem 85-jährigen Mann unterhielt, der früher Geschäftsführer eines Unternehmens war, erzählte er mir davon, wie wichtig ihm schon während seiner Karriere das Brombeerpflücken war. Ich fragte ihn verständnislos: *»Du hattest doch enorm viele wichtige Sachen zu tun? Warum hast du dir Zeit für so etwas Unwichtiges genommen, wie draußen Brombeeren zu pflücken?«* Er antwortete mir: *»Weißt du, Christian, das waren genau die Momente, in denen mir die besten Ideen für mein Geschäft kamen.«*

2.) Mein Vater arbeitete im Bereich *Verfahrenstechnik* und verbrachte wegen der großen Distanzen zwischen den Anlagen der Kunden immer sehr viel Zeit im Auto. Was mich völlig irritierte, wenn ich ihn mal begleitete: Er hörte auch auf einer Sieben-Stunden-Fahrt nie Radio. Ich saß einmal stumm neben ihm auf dem Beifahrersitz, als er plötzlich sagte: »*Jetzt weiß ich es!*« Ich: »*Was weißt du?*« Er: »*Wie wir den Reaktorkopf wärmeisolierender bauen können, um das Problem von heute zu lösen.*« Er hatte die ganze Zeit im Auto darüber nachgedacht und sich eine Lösung überlegt, während ich auf meinem Handy Urlaubsbilder von einer Freundin angeschaut hatte.

Natürlich kommt der geniale Einfall nicht immer sofort, zwanzig Sekunden nachdem ich das Handy ausgemacht habe. Aber **ich muss der Idee zumindest die Möglichkeit geben, entstehen zu können.** Man könnte zum Beispiel versuchen, auf der Toilette oder im Bus auf dem Heimweg nicht sofort ins Smartphone zu schauen, sondern die Ereignisse des Tages Revue passieren zu lassen. Es könnte sein, dass du im Büro einen Konflikt von zwei Menschen beobachtet hast, die du sehr gernhast. Jetzt fällt dir im Nachhinein auf, wo das »Missverständnis« liegt und wie du den Personen helfen könntest.

Vielleicht kommst du gerade aus einem Restaurant, das immer leer ist, obwohl das Essen fantastisch und der Besitzer nett ist. Was wäre eine kreative Lösung seines Problems? Eventuell könnte man ihm helfen, eine Website mit ansprechenden Bildern zu erstellen. Jemand anderem wäre das gar nicht aufgefallen. Dir schon. Könnte es sein, dass du genau deswegen für diese Aufgabe geeignet bist?

Sei offen für das, was um dich herum passiert, und vor allem, wo es dran sein könnte, aktiv zu werden, deine Zeit zu investieren und deine Begabung einzubringen.

#3 SEI NEUGIERIG!

TOBI: Ein junger Mann beschwerte sich neulich bei mir: »*Irgendwie gibt es nichts, was mich interessiert.*« Ich glaube, meine Antwort hat ihn verwundert: »*Weißt du überhaupt, was alles angeboten wird?*«

Es gibt heutzutage Tausende Ausbildungsmöglichkeiten und Berufe. Das ist ein großes Privileg, weil die Chance sehr hoch ist, dass einige Jobs dabei sind, die extrem gut für dich passen können. Aber kennst du sie alle? Weißt du, welcher Job gut zu dir passt? Nein? Dann probiere es praktisch aus und lerne einige Optionen kennen!

Das ist wie beim Dating auf der Suche nach der richtigen Partnerin oder dem richtigen Partner. Je mehr Personen ich kennenlerne, desto größer ist die Wahrscheinlichkeit, dass ich jemanden treffe, der sehr gut zu mir passt! Ich musste auch einige gute wie schlechte Dates durchlaufen, bis ich dann endlich meine Traum-Frau(ke) gefunden habe. Deshalb kann ich dich nur ermutigen: Gib nicht so schnell auf. Fang an, Jobmöglichkeiten kennenzulernen, und beschwere dich nicht nach dem zweiten »Date«, dass es nichts auf dieser Welt gibt, das zu dir passt.

Sei neugierig! Frag die Leute um dich herum, was sie so machen. Wie sieht ihr Arbeitsalltag aus? Lerne Berufe kennen! Schreibe Initiativbewerbungen, ruf einfach mal bei Firmen an, besuche eine Fachmesse und unterhalte dich mit dem Standpersonal. Lies ein Fachmagazin, schau dir eine Reportage an. Lass dir von älteren Studenten erklären, was man in den jeweiligen Fächern macht.

Du weißt nicht, welche Ausbildung oder welcher Beruf zu dir passen? Lerne erst mal kennen, was es alles gibt.

CHRIS: »*Aber das kostet so viel Zeit und Aufwand!*«, habe ich früher argumentiert. Keine Sorge, es muss ja nicht immer gleich das 6-Monate-Praktikum sein. Ich habe in ganz viele Bereiche reingeschaut, bevor ich mit dem Ingenieurstudium angefangen habe: ein zweiwöchiges Praktikum in einer Medizintechnik-Firma und eine kurze Schnupperzeit im Marketing eines Sportvereins zum Beispiel. Bei einem Wettbewerb auf der Internetseite der Arbeitsagentur habe ich mich für ein zweiwöchiges Praktikum im Bereich Erneuerbare Energien beworben und einmal habe ich einen Bekannten aus dem Sportverein gefragt, der als Pharmazievertreter gearbeitet hat, ob ich ihn zwei Tage begleiten darf. Diesen Job könnte ich mir zum Beispiel heute niemals vorstellen, aber es war spannend, ihn mal kennenzulernen. Auch wenn es einen Beruf gibt, der dich nicht gleich zu 100 Prozent begeistert, kann ich dich nur ermutigen, ihn einmal auszuprobieren. Ich habe jedes Mal etwas dazugelernt. Sowohl für meinen späteren Beruf als auch über mich selbst.

> **Übrigens**
> Wenn du selbst bereits in einem Beruf tätig bist und eine Leidenschaft für ein bestimmtes Thema hast, dann behalte das nicht für dich. Du könntest Jüngeren ermöglichen, ihre Begabungen zu entdecken, indem du deine Begeisterung teilst, dir Mühe gibst, ihre Fragen zu beantworten, oder ihnen interessante Einblicke in deiner Firma ermöglichst.

#4 STOPPE DIE NEGATIVEN GEDANKEN!

TOBI: Alles schön und gut! Aber da gibt es so fiese Grätscher in deinem Kopf. Wer kennt sie nicht, diese negativen und einschränkenden Gedanken, die uns ständig ein Bein stellen möchten und uns davon abhalten, dass wir unsere Begabungen und Leidenschaften entdecken können. Hier ist eine kleine Auswahl solcher Störenfriede:

- »Ich bin nicht gut, schlau, hübsch, talentiert, … genug.«
- »Ich kann das nicht.«
- »Das werde ich nicht schaffen.«
- »Was denken dann die anderen über mich?«
- »Die anderen machen das viel besser.«
- »Ich verändere doch sowieso nichts.«

Solche Gedanken werden dich aufhalten, aktiv zu werden. Sie werden dich daran hindern, herauszufinden, wer du in Wirklichkeit bist und wozu du eigentlich fähig bist – wie die folgende Geschichte zeigt, die tatsächlich passiert ist:

Als eine junge Schülerin namens Lisa erneut ihre Deutschhausaufgaben nicht dabeihat, macht ihr Lehrer eine abfällige Bemerkung über sie, dass sie nichts kann und es zu nichts bringen wird. Die Schülerin beginnt das zu glauben. Und was tut sie? In ihren Kopf schleichen sich Gedanken ein, dass sie eh zu nichts fähig ist. Die Folge: Sie hat kaum mehr Motivation für Hausaufgaben, greift gern mal zur Sektflasche und rutscht in der Schule noch weiter ab. (Läuft also grad nicht so bei ihr …) Ihre Mathelehrerin bemerkt ihre Veränderung und bittet sie, sich mit ihr am nächsten Nachmittag im Schulpark zu treffen. Lisa macht sich Sorgen: *»Schon wieder so ein Problemgespräch!«*

Aber weit gefehlt! Die Lehrerin sieht das alles ein bisschen anders. Sie macht der Schülerin Mut und sagt ihr, dass sie an sie glaubt und in ihr viel Potenzial sieht. Wow! Damit hat die junge Frau nicht gerechnet. Und dieses Gespräch verändert so einiges! Lisa beginnt, wieder an sich zu glauben, ihre schulischen Leistungen werden langsam besser, sie schafft den Abschluss, macht sogar das Fachabitur und studiert. Und weißt du, was sie heute beruflich macht? Sie ist Lehrerin und hat ein großes Herz für sogenannte »Problemschüler«. Nur ein einziger negativer Satz hat ihr Leben zuerst beinahe ruiniert, aber ein anderer hat es wieder gedreht.

> **Zum Nachdenken**
> Gibt es negative Aussagen, die andere Menschen über dich ausgesprochen haben? Was sind momentan deine limitierenden Gedanken?

Was kann man tun, wenn solche destruktiven Gedanken oder Sätze kommen? Und sie werden kommen. Ich versuche, negative Gedanken nicht zu unterdrücken oder zu vergessen, weil das meiner Meinung nach auf Dauer nicht funktioniert. Sie sind immer noch irgendwie da, wenn auch unterbewusst. Stattdessen kann man seinen Kopf mit Wahrheit füllen.[a] Zum Beispiel mit dem, was Gott in der Bibel über dich sagt.

In der Bibel findest du immer wieder Beispiele von (jungen) Menschen, für die Gott eine große Aufgabe hat. Aber die trauen sich das vor lauter negativen Gedanken selbst nicht zu. Ein Beispiel ist Jeremia, der denkt, er sei zu jung, und überhaupt behauptet er von sich, dass er null begabt sei, um vor vielen Menschen zu sprechen.

> Ich aber erwiderte: »O nein, mein Herr und Gott! Ich habe keine Erfahrung im Reden, denn ich bin noch viel zu jung!« Doch der Herr entgegnete: »**Sag nicht: Ich bin zu jung!** Zu allen Menschen, zu denen ich dich sende, sollst du gehen und ihnen alles verkünden, was ich dir auftrage.«
> JEREMIA 1,6-7; HFA

---

[a] Wenn dir das schwerfällt: Suche dir gute Freunde, die ehrlich Wahrheiten über dich aussprechen und dich, genau wie die Lehrerin in Lisas Geschichte, ermutigen dürfen.

Gott sieht das also ein bisschen anders als Jeremia! Das heißt für dich und mich: Gewöhne dir ab, negative Aussagen über dich auszusprechen! »*Ich habe ein schlechtes Gedächtnis, ich bin einfach dumm, ich bin hässlich …*« Sonst wirst du dich durch deine eigene Kritik einschränken. Die bessere Strategie ist: Fülle deinen Kopf mit guten und positiven Wahrheiten über dich. Du kannst mehr, als du denkst.

#5 FANG EINFACH MAL AN!

CHRIS: Im Rückblick bin ich heute dankbar, dass ich trotz Unsicherheit und offenen Fragen in vielen Situationen einfach mal losgegangen bin. Ein Beispiel: Meine Klassenlehrerin hatte mich in der 4. Klasse vor dem Übertritt ins Gymnasium gewarnt: »*Es kann sein, dass du um 22 Uhr abends noch lernen musst!*« Als zehnjähriger Junge war ich schockiert, schließlich ging ich damals vor 21 Uhr ins Bett. Bin ich gut genug? Schaffe ich das überhaupt? Von heute aus gesehen, war meine Angst natürlich unbegründet, und ich weiß: Man wächst mit den Herausforderungen. (Oft habe ich erst um 22 Uhr mit dem Lernen angefangen …)

Auch wenn das ein simples Beispiel ist: Wir befinden uns immer wieder in solchen »4.-Klasse-Situationen«. Es kann sein, dass dich ein bestimmtes Vorurteil über eine Ausbildung oder einen Beruf abschreckt, zum Beispiel, dass man dort so viel arbeiten müsste. Oder, wie bei mir, dass mich die Chemie abschreckte. Na und? Probiere es einfach mal aus. Geh einfach mal los. Wir lehnen oft unbequeme Wege von vornherein ab, einfach, weil sie uns zu schwierig erscheinen.

Als ich mit Johannes Mickenbecker von den *Real Life Guys* darüber sprach, wie er mit seinem Bruder Philipp mit dem YouTube-Kanal losgelegt hat, erzählte er mir:

> Wir hätten viele große Träume, wie das U-Boot, die fliegende Badewanne oder die gigantische Armbrust, nie verwirklicht, wenn wir uns am Anfang von all den offenen Fragen hätten abschrecken lassen! Und da gab es viele: Woraus bauen wir den Stahlträger? Gibt es überhaupt einen Bogen aus Federstahl in der Größe? Werden wir überhaupt die Genehmigung dafür bekommen? Und so weiter. **Die meisten Ideen ersticken, weil man sich zu viele Sorgen macht.** Ich denke mir einfach: Das wird schon funktionieren. Fang einfach mal an, die meisten deiner offenen Fragen klären sich auf dem Weg.
>
> JOHANNES MICKENBECKER

Vielleicht hast du auch einen Traum, eine Idee, aber es gibt ein paar Gründe, die dagegensprechen, den Traum wahr werden zu lassen. Was soll's! Ich ermutige dich: Hab keine Angst und geh los! Einfach mal anfangen ist eine sehr gute Möglichkeit, um herauszufinden, wie der Weg dann in Wirklichkeit aussieht. Du wirst feststellen, dass deine Komfortzone erweiterbar ist, dass deine Limits nach oben versetzt werden können und dass du dich auch in Bereichen sehr wohlfühlen kannst, die bis jetzt von außen eher ungemütlich wirken.

Außergewöhnliche Berufungen liegen oft außerhalb deiner Komfortzone. Eigentlich immer. Das bekommt auch ein junger Mann namens Josua zu spüren. Er soll eine große Menge Menschen leiten und zweifelt, ob er das kann. Gott ermutigt ihn genauso wie Jeremia:

> Ich sage dir: Sei stark und mutig! Hab keine Angst und verzweifle nicht. Denn ich, der Herr, dein Gott, bin bei dir, wohin du auch gehst.
>
> JOSUA 1,9; NLB

AUSSERGEWÖHNLICHE BERUFUNGEN LIEGEN OFT AUSSERHALB DEINER KOMFORTZONE.

#6 TRÄUME GROSS!

Weg mit den destruktiven Gedanken! Denn so wird auf einmal Platz in deiner Vorstellungskraft frei und es dauert meist nicht lange, bis sich deine Ziele automatisch verändern. Die Träume für deinen Weg werden mutiger und ziehen dich nach vorne. Visionen können jetzt entstehen, weil deine Gedanken nicht mehr mit Sorgen und Kleinreden beschäftigt sind. Es kann hilfreich sein, dir dafür bewusst Zeit zu nehmen. Ganz konkret:

> **Probier es aus**
> Nimm dir ein Blatt Papier und einen Stift und mache dir Gedanken über Dinge, die du in den nächsten Jahren gerne tun würdest.

Was würdest du gerne machen, wenn alles möglich wäre? Schreibe es auf!

Auch wenn nicht immer gleich nach fünf Minuten bahnbrechende Ideen auf dem Papier landen werden, dein Mindset und dein Blick auf deinen Alltag werden sich durch diese Übung verändern. Dir wird öfter bewusst werden, was du tun könntest.

Kennst du Jennifer Lawrence? Die junge Frau stellte sich bei einer Schauspielagentur vor, ohne je eine Schauspielausbildung absolviert zu haben. Und heute? Jobbt sie am städtischen Theater und reißt Tickets ab? Nein! Sie spielt in Hollywoodfilmen mit und bekam sogar einen Oscar. Oder Diego Maradona. Er wuchs in einer sehr armen Gegend von Argentinien auf und wurde später Weltmeister in der argentinischen Fußballnationalmannschaft. Ein junger Mann namens Jack Ma fiel zweimal durch die Aufnahmeprüfung für ein Studium und die Fast-Food-Kette KFC lehnte seine Bewerbung für einen Job ab. Heute ist er der CEO von Alibaba, dem Ebay von Asien, und einer der reichsten Männer Chinas.

Was haben diese drei Personen gemeinsam? Sie haben groß geträumt, anstatt auf Kritik und negative Gedanken zu hören.

Groß träumen – was das heißt und was dabei noch wichtig ist:

- Einen wirklich großen Traum erkennst du daran, dass allein die Vorstellung, dass er wahr werden könnte, dich auf die Knie bringt und du zu Gott beten musst, weil du es aus eigener Kraft nicht schaffen würdest.
- Ganz besonders wichtig ist dieses Größer-Denken, wenn du ein bescheidenes Herz hast. Bescheidene Menschen träumen oft sehr klein. Es ist möglich, groß zu träumen und gleichzeitig ein bescheidenes und zufriedenes Herz zu haben. Große Visionen haben nicht immer etwas mit Überheblichkeit zu tun.
- Größer zu träumen heißt nicht zwingend, dass man seine Tätigkeit wechselt, sondern oft, dass man erst mal das größer macht, was man gerade tut. Auch wenn das nur das Kellnern in einem Restaurant ist.
- Was auch immer dein Traum ist, fang an, im Kleinen deine Talente einzusetzen.[a] Beginne mit dem, was vor deinen Füßen liegt. Vielleicht träumst du von einer Karriere als Comedian? Nutze die nächste Familienfeier, um auf der kleinen Bühne zu trainieren. Wir überlegen so oft, was wir später Großes tun könnten, und vergessen dabei, dass es die kleinen Dinge sind, die uns zu den großen führen.
- In den meisten Fällen gilt: Mach fertig, was du gerade tust, auch wenn zum Beispiel das Bestehen der nächsten Prüfung thematisch erst mal nichts mit deinem eigentlichen Traum zu tun hat. Lena Meyer-Landrut hat sich trotz ihrer Teilnahme beim Eurovision Song Contest die Zeit genommen, ihr Abitur abzuschließen.

---

[a] »Wer in den kleinsten Dingen treu ist, ist auch in den großen treu, und wer in den kleinsten Dingen nicht treu ist, ist auch in den großen nicht treu« (Lukas 16,10; NGÜ).

#7 SEI MITTENDRIN STATT NUR DABEI!

TOBI: »*Just do it!*« Den Satz kennst du, oder? Der bekannte Werbeclaim führt mich zum letzten Tipp beim Entdecken deiner Begabungen: Egal, wo du lebst, sei nicht nur passiv mit dabei, sondern gestalte dein Umfeld aktiv mit. Das kann richtig Spaß machen! Und die Möglichkeiten sind vielfältig: In der Schule kann man in der SMV (Schülermitverantwortung) Skifreizeiten organisieren, Sportturniere, Pokerturniere, Filmnächte und Sponsorenläufe. Im Sportverein als Trainer von jüngeren Mannschaften weitergeben, was man gelernt hat. Vielleicht ist es die Feuerwehr, die Fachschaft der Uni, ein politischer Verein, eine Umweltschutzorganisation, eine kirchliche Gruppe oder was ganz anderes. Vereine und ehrenamtliche Organisationen sind die besten Orte, wo du wachsen und etwas ausprobieren kannst, auch wenn du der Meinung bist, du kannst etwas gar nicht.

Ich habe zum Beispiel total viel gelernt, als ich mit ein paar »verhaltenskreativen« Freunden in meiner damaligen Gemeinde eine Late-Night-Show auf die Bühne gebracht habe. Da haben wir dann solche Highlights aufgeführt wie *Das gespielte Sprichwort*. Wenn du wie ich ein Fan von Harald Schmidt bist, dann solltest du das kennen. Wenn nicht, dann hier kurz erklärt: ich also in diesem Sketch. Ich klingel an der Tür von Herrn Morgenstund, der macht mir auf und grinst mich mit seinem Goldgebiss an. Na? Was für ein Sprichwort ist das?

Bingo! Morgenstund hat Gold im Mund!

Ja, ist ein bisschen platt! Aber ehrlich gesagt, ich find's immer noch lustig. Und genau solche Dinge konnte ich auf der Bühne ausprobieren und lernen: Was kommt an, was nicht? Heute mache ich zwar keine gespielten Sprichwörter mehr *on stage*, aber die Show war ein Grundstein für das, was ich jetzt mache. Denn da habe ich Bühnenerfahrung sammeln können und gelernt, wie man Menschen berühren und zum Lachen bringen kann.

Auch in der Kirche, die ich heute leite, kann man viele verschiedene Bereiche austesten: Technik, Film und Fotografie, Design und Kunst oder Arbeit mit Kids. Zum Teil probieren sich schon Zwölfjährige an der Kamera aus oder unterstützen das Foto-Team. Das begeistert mich immer zu sehen. Andere entdecken zum ersten Mal, dass sie gute Leiter und Leiterinnen sind. Kirchen oder ehrenamtliche Organisationen sind die besten Leadership-Schulen überhaupt. Unsere freiwilligen Mitarbeiter arbeiten – wie das Wort »freiwillig« schon sagt – nicht für Geld, sondern weil sie eine Vision für ihre Tätigkeit haben. Und die muss man ihnen geben, indem man sie leitet, motiviert, das Potenzial dieser Menschen entfaltet, praktische Nächstenliebe und Teamgeist lebt, lustige Aktionen und vieles mehr initiiert. So werden sie zu Leitern einer Gruppe, in der Menschen es lieben mitzuarbeiten. So etwas wirst du in keinem theoretischen Leadership-Kurs an der Universität lernen. Das ist *learning by doing*, Lernen durch Ausprobieren.

> **Broaden your horizon**
> Schau dich um: Gibt es in deinem Umfeld eine Möglichkeit, dich irgendwo zu engagieren? Check aus, was dich interessiert, und bring dich dort ein.

Freiwillig in Kirchen und Vereinen mitzumachen kann dir helfen, dich ganz unkompliziert in verschiedenen Bereichen auszuprobieren, und gleichzeitig kannst du damit einen positiven Unterschied in unserer Gesellschaft machen. Ich freue mich immer wieder darüber, wenn ich den Lebensweg einiger Menschen sehe, die sich im ICF ausprobiert haben und heute gerne in diesen Berufen leben und arbeiten. Also: Worauf wartest du noch?
Just do it!

> Ich wusste schon früh, dass ich gerne Lehrerin werden will, aber war mir unsicher, ob wirklich ein Talent für die Arbeit mit Kindern in mir schlummert. Deshalb habe ich es einfach ausprobiert: Ich gab Nachhilfe, leitete Kindergruppen in der Kirche oder jobbte als Schwimmtrainerin für Kids. In meinem Fall habe ich bei all diesen Tätigkeiten ein klares Ja für eine Arbeit mit Kindern bekommen. Heute liebe ich meine Arbeit und lebe dort meine Berufung. «
>
> NATALIE, 24 JAHRE

2.6 EIN MINDSET, DAS DICH WEITERBRINGT

TOBI: Noch eine wichtige Anmerkung: Vielleicht verdienst du aktuell mit einer Tätigkeit dein Geld, die nicht deine größte Leidenschaft ist. Das ist völlig okay. Dein Job muss nicht zwingend deine Berufung sein. Paulus war lange Zeit Zeltmacher und hat damit sein Geld verdient. Am Samstag hat er seine »Beruf-ung« gelebt, als er in den Synagogen gepredigt hat. Es gibt heutzutage ebenfalls viele Möglichkeiten, eine Berufung neben dem Job zu verwirklichen und dabei einen großen Unterschied im Leben von anderen Menschen zu bewirken. Ein befreundeter Kollege, der bei der Stadtverwaltung arbeitet, trainiert zweimal pro Woche abends eine junge Turnmannschaft, weil er den Sport liebt. Eine Freundin arbeitet 80 Prozent als Technische Zeichnerin und designt am freien Tag eigene Handtaschen. Auch unsere Kirche ist nur das, was sie heute ist, weil es viele Menschen gibt, die neben ihrem Job oder Elternsein zum Beispiel 10 Prozent ihrer Zeit ehrenamtlich in ein Projekt oder in ein Team in der Church investieren. Durch diese Arbeit sind sie ein großer Segen für viele Menschen.

Spätestens hier sollte dir aufgefallen sein, dass die wichtigere Frage nicht »*Was soll ich machen?*« ist, sondern »*Welche Begabungen und welche Talente habe ich und wie finde ich sie heraus?*« heißen müsste. Denn aus diesem Wissen ergeben sich gute Ziele! **Die besten Ziele für dich findest du nicht unbedingt auf der Suche nach Zielen, sondern beim Ausprobieren und in der Beschäftigung mit deinen Leidenschaften, Fähigkeiten und Interessen.**

Ziele zu haben ist wichtig, wie du auch im nächsten Kapitel noch mal merken wirst. Es ist meiner Meinung nach allerdings eher zweitrangig, einen detaillierten Karriereplan für die nächsten sechzig Jahre schon mit achtzehn vorweisen zu können. (Auch wenn den zum Beispiel Großeltern oft gerne auf Familienveranstaltungen hören wollen, wenn sie fragen: »*Schätzelein, was willst du denn später werden?*«)

Natürlich, es ist gut, sich Gedanken über die ferne Zukunft zu machen. Das in Zement zu klopfen scheint mir aber hinderlich. Du weißt heute ja noch gar nicht, welche Talente du noch in den nächsten Jahren entdecken wirst. Deswegen: Starte mit dem nächsten und übernächsten Schritt beim Planen. Das reicht.

Wir werden uns ein Leben lang auf einem Weg befinden und kein einziges Ziel wird uns jemals langfristig das Gefühl geben können, angekommen zu sein. Wichtiger ist daher, auf einem **guten Weg zu sein.** Es gibt meiner bisherigen Erfahrung nach nicht das eine Ziel, sondern eine Straße mit vielen kleinen und großen Zielen. Einen Pfad, auf dem wir unsere Begabungen einbringen können, trainieren, wachsen und wieder neue Talente entdecken werden.[a]

---

[a] Das Wort »Talente«, wie wir es heute benutzen, kommt ursprünglich aus der Bibel. Es kommt in einem Gleichnis vor, in dem ein Besitzer während eines längeren Auslandsaufenthalts seinen Verwaltern verschiedene Talente (damals eine Währung, also Geld) anvertraut. Als der Besitzer wiederkommt, haben zwei der Verwalter ihre Talente investiert, also eingesetzt, und dadurch vermehrt. Als Belohnung dafür bekommen sie von ihrem Herrn noch mehr anvertraut. (Nachzulesen in Matthäus 25,14-30.) In anderen Worten: Wir dürfen das, was Gott uns anvertraut hat, vergrößern.

Mit welchem Mindset gehst du auf diesem Weg durch deinen Alltag? **Entdecke das, was dich zum Schwingen bringt! Sei neugierig! Halte deine Augen offen! Probiere Dinge aus! Engagier dich! Mach mit! Fang im Kleinen an! Leg einfach mal los!**

Deine Begabungen werden unterwegs wachsen und zum Vorschein kommen. Du wirst feststellen, dass du schon heute mit dem, was du hast, einen Unterschied machen kannst.

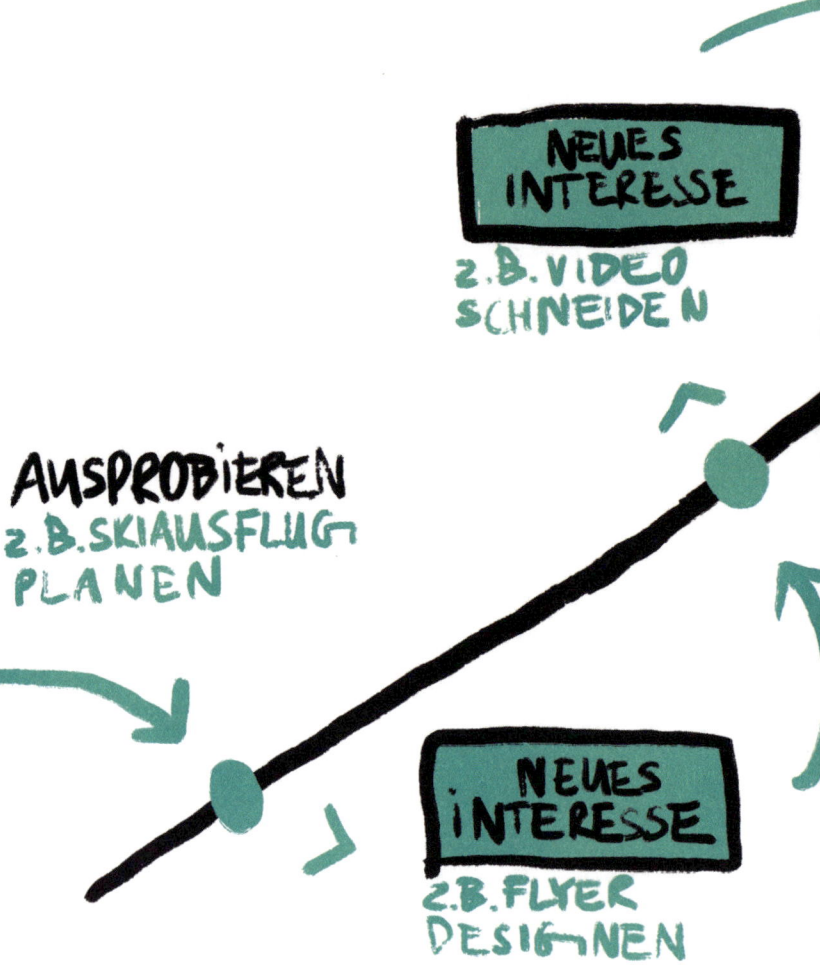

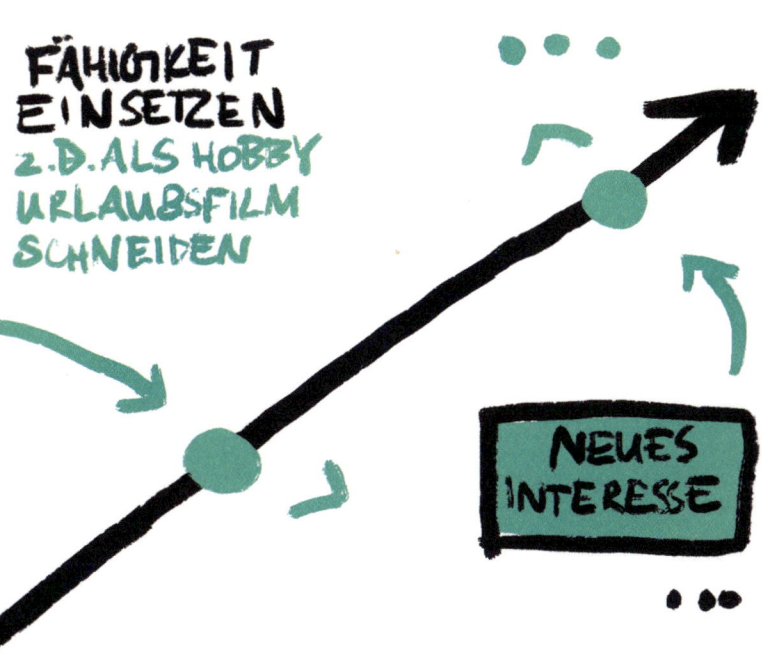

TOBI: Ich habe echt viele Begabungen! Bin ich jetzt eingebildet, weil ich das sage? Nein! Ich bin ganz normal. Wenn du dich immer mehr ausprobierst, wirst du nach einiger Zeit feststellen, dass du ebenfalls sehr viele Begabungen besitzt. Es ist schon mal ein großer Schritt, wenn man die Dinge, die einem Spaß machen, erkannt hat. Aber wenn das schon ausreichen würde, wäre dieses Buch an dieser Stelle fertig. Jetzt schauen wir uns an, wie man seine Leidenschaften entfalten und wirkungsvoll einsetzen kann. Gerade dann, wenn die Theorie in die Praxis umgesetzt werden soll und man seine Begabungen auf die Straße bringen will, stößt man auf neue Probleme und Herausforderungen. So wie ein Junge namens Timo.

Timo ist neunzehn Jahre alt, die Schule liegt hinter ihm und die berufliche Laufbahn vor ihm: Was soll er machen? Keine einfache Entscheidung. Es gibt so viele Bereiche, die er sich vorstellen könnte. Als Jugendlicher begann er in seiner Freizeit damit, Videos von Urlauben aufzunehmen und am PC zu schneiden. Als er vor Kurzem eine Filmhochschule anschaute, gab er diesen Traum aber schnell auf. Die Ausbildung war sehr teuer und man müsste laut Studienberater ziemlich diszipliniert sein, um erfolgreich zu werden. Das ist eher nichts für ihn, deshalb überlegt er weiter. Schließlich entscheidet er sich für Elektrotechnik. Das interessiert ihn auch und man hat in diesem Bereich anscheinend hervorragende Aussichten auf einen gut bezahlten Job.

Bereits in den ersten Semestern kämpft Timo mit einigen schweren Klausuren und bricht das Studium wieder ab. Danach fängt er als Lehrling eine Ausbildung bei einem Automobilzulieferer an. Autos fand Timo schon immer mega. Zwei Jahre später verliert er seine anfängliche Motivation, als er auf YouTube einen Kanal von einem jungen Filmer entdeckt. *»Yes, that's it!«* Jetzt hat er es! Das ist es, was er machen möchte! *»Wie dumm eigentlich, diese ganzen Runden zu drehen«*, denkt er, denn der Bereich hat ihn doch schon immer begeistert. Er will wie die berühmten YouTuber um die Welt reisen, filmen und dabei Geld verdienen. Timo beginnt, erste Kurzclips zu produzieren und ins Internet zu stellen, und ist voll gehyped. Doch als seine Filme nur wenige Hundert Views bekommen, denkt er, dass er mit den berühmten YouTube-Channels doch nicht mithalten kann. Schnell verschwindet die anfängliche Euphorie wieder.

Filme produzieren, Elektrotechnik, Automobilbranche ... Kennst du das? Es gibt mehrere Bereiche, die dich interessieren und für die du auch begabt wärst. **Aber irgendwie kannst du dich nicht für eine Richtung entscheiden.** Dann beginnst du mit einer Sache, aber sobald es schwierig wird, wirst du wie ein Fähnchen im Wind wieder von A nach B und dann weiter nach C geweht. Du beginnst mit großen Träumen und wirst dann von der Realität zermahlen. Timos Orientierungslosigkeit, seine Tendenz aufzugeben, wenn er auf Hindernisse stößt, und seine Antriebslosigkeit, weil ihm die Motivation schnell abhandenkommt – all das sorgt dafür, dass Timo in seinem Leben umherschweift und aus seinen zahlreichen Begabungen nicht die Früchte entstehen können, die in ihm angelegt sind.[a]

Vielleicht geht es dir wie Timo und du hast schon viel ausprobiert und wieder abgebrochen. Eventuell bist du aber auch ein anderer Typ und ziehst deine Ausbildung straight durch! Doch egal, welcher Persönlichkeitstyp du bist, ich glaube, dass es jedem von uns im Leben mal wie Timo gehen kann.

3.1 DAS GEHEIMNIS VON ENTSCHLOSSENHEIT

CHRIS: Die immense Auswahl an Möglichkeiten, die unsere Generation heute hat, wird oft als Nachteil angesehen. Andauernd muss man sich entscheiden. Bezeichnend eigentlich, dass das Jugendwort des Jahres 2020 »lost« war. Diese Ausgangslage ist an sich eigentlich ein Privileg, weil wir durch die Vielfalt auch bessere Möglichkeiten haben. Damit wir diese Chancen optimal nutzen können, müssen wir lernen und trainieren. Wir müssen Profis darin werden, überragende Entscheidungen zu treffen.

Aber wie genau machen wir das? Etwa so?

> Hör einfach auf dein Bauchgefühl!
> CHRIS, 17 JAHRE, HAT DIESEN TIPP DAMALS IM INTERNET GELESEN

---

[a] Die Bibel beschreibt ein Leben ohne positive Auswirkungen als ein fruchtloses Leben, zum Beispiel hier: Titus 3,14 (LU).

Es gibt Situationen, da sollte man darauf hören. Wenn ich zum Beispiel ein ungutes Gefühl bei einer Sache habe, versuche ich dieses Gefühl nicht einfach zu ignorieren, sondern prüfe das Ganze noch mal. Normalerweise muss man aber vorsichtig sein, wenn man einfach blind die Emotionen als Entscheidungsgrundlage hernimmt. Denn unsere Gefühle können sehr leicht von äußeren Faktoren beeinflusst werden und sind sehr wechselhaft.[a] Genau wie im Beispiel von Timo: Innerhalb weniger Minuten können uns unsere Sehnsüchte von unserem Weg abbringen, falls wir gerade etwas als unangenehm empfinden oder es woanders schöner aussieht.

TOBI: Weißt du, wer der Steve Jobs, Bill Gates und Barack Obama vor 3000 Jahren war? König Salomo. Er war einer der reichsten und mächtigsten Menschen, die in der Antike gelebt haben. Historiker gehen heute davon aus, dass er als Nachfolger von König David ab ca. 961 v. Chr. das Land Israel regiert hat. Salomo war alles andere als perfekt, aber was das Erreichen von Zielen angeht, kann man die ein oder andere Weisheit von ihm lernen.

Es wird in überlieferten Aufzeichnungen berichtet, dass er nicht nur ein sehr reicher Mensch war (zum Beispiel hatte er 80 000 Steinbrucharbeiter[10], das entspricht ungefähr der Anzahl der Mitarbeiter der Audi AG), sondern auch ein sehr weiser Mensch.[b] Im Alten Testament der Bibel wurden viele Weisheiten von Salomo in den Büchern *Sprüche* und *Prediger* überliefert[11], die du dort heute noch nachlesen kannst. Was sagt dieser kluge Kopf darüber, wie man am besten Ziele erreichen kann?

---

[a] »Diese sind Murrende, die mit dem Schicksal hadern und nach ihren Begierden wandeln« (wandeln = zielloses umhergehen, umherschweifen) (Judas 1,16; ELB).
[b] Selbst Könige von benachbarten Ländern schickten Botschafter zu ihm, um von seiner Weisheit zu lernen.»Die Könige aller Völker schickten ihre Gesandten, damit sie der Weisheit Salomos lauschen sollten, von der man überall gehört hatte« (1. Könige 5,14; NLB).

Deine Augen sollen immer auf das Ziel schauen, und dein Blick soll auf das gerichtet sein, was vor dir liegt. Überlege genau, welchen Weg du einschlägst, und dann geh ihn mit festem Schritt.

KÖNIG SALOMO, CA. 900 V. CHR. (SPRÜCHE 4,25-26; NGÜ)[12]

In anderen Worten: **Überlege sorgfältig, was du tun möchtest, und dann ziehe es entschlossen durch.** Das klingt jetzt nicht nach Timos Story. Bei ihm passierte genau das Gegenteil. Da er sich vorher nicht gut überlegt hatte, was und warum er etwas anfangen möchte, konnte ihn jedes noch so kleine Hindernis und jede kleinste Ablenkung von seinem Weg abbringen. (Mein Onkel Heinz hätte gesagt: »*Der Junge springt von Hölzken auf Stöckchen!*«) Sobald Timo auf Schwierigkeiten stieß, zweifelte er an seinen Entscheidungen. Wenn du immer nur das machst, wonach du dich gerade fühlst oder wo der Weg gerade einfacher ist, kann genau das passieren: Du schweifst umher, machst mal dies und mal das, ohne dass aus dem Potenzial, das in dir liegt, etwas Wunderbares wachsen kann, was einmal große Früchte tragen könnte.

Überlege genau, welchen Weg du einschlägst, und dann geh ihn mit festem Schritt. Nimm dir ruhig mal einen Tag frei für eine größere Entscheidung. Rufe jemanden an, der sich gut auskennt, recherchiere im Internet und notiere all deine Pro- und Kontra-Argumente in einer Tabelle.

> **Lesetipp**
>
> In meinem Buch *Choose. Weil Vielleicht keine Entscheidung ist* findest du viele weitere Tipps zu diesem Thema.

Lass dich nicht einfach im Leben treiben, sondern gönn dir immer mal wieder etwas Zeit, dir über deinen Weg Gedanken zu machen. Mach dir gute Pläne. Das empfiehlt auch Salomo: »*Was der Fleißige plant, bringt ihm Gewinn; wer aber allzu schnell etwas erreichen will, hat nur Verlust*« (Sprüche 21,5; HFA). Oder hier: »*Zieh nicht in den Kampf, ohne es vorher gut überlegt zu haben*« (Sprüche 20,18b; NLB).

3.2 DREI TIPPS FÜR GUTE ENTSCHEIDUNGEN

TOBI: Hier kommen drei praktische Tipps, die du beim Planen brauchen wirst, damit du gute Entscheidungen treffen kannst. So, dass aus deinen Begabungen Früchte entstehen können.

1. PRIORISIEREN

CHRIS: Mit Anfang zwanzig hatte ich in meinem Zimmer eine riesige weiße Pappwand mit gelben Post-its. Darauf hatte ich alle Ziele geschrieben, die mir so einfielen. Darunter notierte ich mit kleinen grünen Zetteln Ideen, *wie* ich meine Ziele erreichen konnte. Das Problem dieser Zielewand war: Es waren zu viele auf einmal. Am Ende des Jahres hatte ich kein einziges Ziel erreicht. Ich hatte mich buchstäblich verzettelt. Wenn ich doch mal einen Haken unter ein Vorhaben setzen konnte, dann hatte ich das oft **nur erreicht, um es zu erreichen, anstatt es wirklich gut zu machen.** Die Folge: Meine Ziele waren wirkungslos. Ich bin nicht vorangekommen, weil ich mich nicht sorgfältig für einen Weg entschieden hatte. Meine Prioritäten fehlten. Trotz guter Pläne bin ich in meinem Leben wie Timo »umhergeschweift«.

Ich möchte damit nicht sagen, dass wir immer nur eine Sache nach der anderen machen können, sondern dass es sinnvoll ist, eine oberste

Priorität zu haben. Ich kam erst drauf, als ich Salomos Zitat in der Bibel las. Das war wie ein liebevoller Tritt in den Hintern, der mich wieder daran erinnerte, konsequenter bei Entscheidungen zu werden. Ich versuchte mich für eine »Prio 1« zu entscheiden, meinen Blick darauf zu richten und nicht mehr mit fünfzehn verschiedenen grünen Post-its auf fünf verschiedene Richtungen und Ziele gleichzeitig zu schießen.

> Wenn du nur eine einzige Sache bis zum Ende dieses Sommers von all deinen Zielen schaffen könntest, was wäre es?
>
> MAMA VON CHRIS, DIE FAST SO SCHLAU IST WIE SALOMO

Was wäre das bei dir?

Geh's an

Die wahre »Prio 1« herauszufinden, ist nicht ganz einfach. Mir hat dieser Weg geholfen:

- Schreib dir einmal alle aktuellen Beschäftigungen als Liste auf: Haushalt, Studium, regelmäßiger Anruf bei Oma, Hobby A, Hobby B, Musikinstrument, Werkstudentenjob, bester Freund, Sporttraining, Freitagabend feiern gehen, Engagement in einer Organisation usw.

- Jetzt sortierst du die Punkte nach ihrer Wichtigkeit.

- Anschließend vergleichst du »Prio 1« mit »Prio 2«: »*Wenn du nur eine Sache im nächsten Jahr schaffen könntest, würdest du 1 oder 2 bevorzugen?*« Wenn die Positionen stimmen, machst du weiter mit 1 und 3. Danach 1 und 4 usw. Wenn du zum Beispiel merkst, 5 ist wichtiger als 1, werden die beiden getauscht, und das Ganze geht von vorne los. Die neue »Prio 1« wird mit »Prio 2« verglichen usw.

- Wenn du mit »Prio 1« durch bist, wird anschließend 2 mit 3 verglichen. Danach 2 und 4 usw., bis du alle Punkte durchhast.

Erfahrungsgemäß sieht die Liste am Ende meistens anders aus als zu Beginn. Wenn du deine Motive geprüft hast und deine Prioritäten sortiert hast, wird es dir deutlich leichter fallen, unter der Woche bei spontanen Anfragen oder in stressigen Zeiten einen klaren Kopf zu behalten und gute Entscheidungen zu treffen.

Auf dem Bild sieht man das Beispiel für eine Wochenplanung bis zum Ende des Semesters. Das Prinzip funktioniert genauso bei der Jobentscheidung oder bei einem Wohnortswechsel. Sortiere immer die wichtigsten Kriterien nach ihrer Wichtigkeit.

Hinweis: Die Übung funktioniert nur halb so gut, wenn du sie allein machst. Such dir einen Freund, vor dem du ehrlich sein kannst, gib ihm die Liste und lass ihn die Fragen stellen *(»Wenn du nur eine Sache bis … schaffen könntest …«).*

TOBI: Der Schriftsteller Mark Twain soll einmal gesagt haben: »*Wenn vor dir die Aufgabe liegt, einen Frosch zu verspeisen, dann tu dies am besten gleich am Morgen. Und wenn du sogar zwei Frösche essen musst, dann fange mit dem größeren der beiden an.*«

Klingt widerlich, oder? Aber ich stimme Twain zu! Leute! »Greift zu euren Fröschen und haut rein!« Im Ernst, natürlich nicht. Twain meint damit natürlich, sich zu überlegen, was die *most important task,* also das wichtigste To-do, heute ist (das ist der Frosch). Und genau mit dieser Aufgabe solltest du in den Tag starten und sie als Erstes abarbeiten. Am besten in den ersten zwei bis drei Stunden des Tages.

> **Zum Nachdenken**
> Wenn du morgen nur eine Sache erledigen könntest, was wäre es?

2. MOTIVE

TOBI: Noch ein herausfordernder Gedanke von König Salomo: »Der Mensch hält sein Handeln für richtig, aber der Herr (= Gott) prüft seine Beweggründe (= Motive)« (Sprüche 16,2; HFA). Es ist ein wichtiger Bestandteil bei dem Prozess, eine gute Entscheidung zu treffen, die eigenen Motive zu prüfen.

CHRIS: Eine Zeit lang verbrachte ich meine Nachmittage damit, mir am Schreibtisch etwas Innovatives auszudenken. Ich wollte unbedingt ein eigenes Patent haben. Als ich einmal beim Beten Gott bat, mir zu helfen, hatte ich den Gedanken: »Warum willst du das Patent wirklich?« Es dauerte nicht lange, bis ich zugeben musste, dass mein Hauptmotiv etwas schräg war: Ich investierte meine Zeit in das Projekt, nicht um die Menschheit in einem bestimmten Gebiet nach vorne zu bringen, sondern einfach deswegen, damit ich möglichst schnell ein Patent hatte. Ich hielt mein Handeln für richtig, aber eigentlich ging es mir nur um einen schönen Absatz in meinem Lebenslauf.

> **Zum Nachdenken**
> Warum willst du eine Sache, die dir wichtig ist, wirklich?
> Was ist dein wahres Motiv dahinter?

3. GEWINNEN KOSTET ETWAS

TOBI: Ja zum Abnehmen heißt Nein zur täglichen Packung Eis. Hau ich Schoko, Vanille und Erdbeer in mich rein, werde ich nicht dünner. Logisch, oder?

Das Priorisieren bringt eine unbequeme Folge mit sich: Wenn ich mich für eine »Prio 1« entscheide, heißt das, dass ich in manchen Situationen andere Dinge, die ich vielleicht auch ganz gut finde, aufgeben muss. Zum Beispiel große Mengen an Eis. Aber auch wenn das erst mal nicht so toll klingt, ist es das dann aber. Ein solches **Commitment ist eine Voraussetzung dafür, größere Ziele erreichen zu können.**

Ein Beispiel:

Shawn trainierte bereits seit vielen Jahren als Kunstturnerin und hatte das Ziel, eines Tages an den Olympischen Spielen teilzunehmen. Ihr Training nahm viel Zeit und Energie in Anspruch und sie musste sich immer wieder entscheiden: So viele Süßigkeiten essen wie sie wollte oder sich mit gesunder Ernährung fit halten? Abends ins Kino gehen oder ins Training? Am Wochenende ausschlafen oder früh aufstehen und zu Wettkämpfen fahren? Sie entschied sich für ein Ja zu den Dingen, die sie zu Olympia führen würden. Es tat weh, für ihren Sport andere Dinge immer wieder hintenanzustellen, doch sie hatte klare Prioritäten. Je öfter sie sich bewusst für das Training entschied, desto mehr wuchs in ihr eine Leidenschaft fürs Turnen. Natürlich hätte es keinen großen Unterschied gemacht, wenn sie das ein oder andere Training hätte ausfallen lassen, doch ihr hohes Commitment ermöglichte es ihr, dass sich ihr Traum erfüllte:

> Ich musste viel Zeit mit der Familie, mit Freunden, in der Schule und in meiner Freizeit gegen die Zeit in der Turnhalle eintauschen. Ich konnte nie eine ganze Nacht mit meinen Freunden durchfeiern, weil ich am nächsten Tag früh für das Training aufstehen musste. ... Kunstturnen hat mich stark gemacht. Ich denke, dass es mich gebrochen und an meinen größten Tiefpunkt gebracht hat, aber gleichzeitig hat es mir die größte Stärke gegeben, die man sich wünschen kann.
> SHAWN JOHNSON, GOLDMEDAILLEN-GEWINNERIN BEI OLYMPIA[13]

Große Siege dürfen dich etwas kosten! Wenn wir ein Thema haben, das uns in Schwingung versetzt, eine Idee, eine Vision, die wir umsetzen wollen, dann gehört es dazu, manche Dinge dafür aufzugeben. So geben wir unserer »Prio 1« eine größere Chance, wachsen zu können.[14]

> **Zum Nachdenken**
> Wenn du vor solchen abwägenden Entscheidungen stehst, die dich von deiner Hauptprio wegbringen können, dann habe ich einen Merksatz für dich, der dir helfen kann, die richtige Wahl zu treffen: **Die Quantität deiner Neins bestimmt die Qualität deines Jas!**

3.3 HÜRDENLAUF – WIE HINDERNISSE DICH NICHT MEHR AUFHALTEN WERDEN

TOBI: Es war einmal eine junge Frau, die wollte Kanzlerin von Deutschland werden. So gewann sie eine Wahl nach der anderen auf dem Weg ins Kanzleramt. Es dauerte drei Jahre und sie wurde das erste weibliche Staatsoberhaupt unserer Bundesrepublik. Und wenn sie nicht gestorben ist, dann regiert sie noch heute. Wenn du in der Schule gut aufgepasst hast und die Märchenmerkmale kennst, dann weißt du, dass diese Geschichte völlig unrealistisch ist!

Die Realität sieht anders aus: Die Frau fängt von der Pike auf an, Kommunalpolitik zu machen, steht in Fußgängerzonen und unterhält sich mit potenziellen Wählern. Dabei muss sie sich viel Kritik anhören. Später dann, in Berlin angekommen, trifft sie auf politische Urgesteine, die sie nicht immer ernst nehmen und gegen die sie sich durchsetzen muss. Sie wird tatsächlich Parteivorsitzende, aber Kanzlerkandidatin (was man dann eigentlich automatisch wird) – vergiss es! Diese Aufgabe übernimmt ein Mann aus Bayern. Doch der scheitert und erst im zweiten Anlauf wird sie die Kandidatin ihrer Partei. Ende gut, alles gut? Nein, denn wieder liegen eine Menge Hürden auf ihrem Weg: Bierzeltreden mit Störern, Arbeit an Rhetorik und Medienschulungen. Sie muss Anfeindungen und schlechte Umfragewerte aushalten und trotzdem schafft sie es und wird am Ende Kanzlerin! Ja, genau, ich rede von Angela Merkel.

Ihr Beispiel zeigt: In unserem Alltag können immer wieder Hindernisse auf unserem Weg auftauchen, etwas, das uns beeinträchtigen oder uns bei dem Lauf auf unser Ziel stoppen kann.[15] Dass eine Entscheidung nicht nur bestehen bleibt, sondern auch umgesetzt wird, hängt davon ab, ob wir uns von solchen Hürden aufhalten lassen oder nicht. Denn, du erinnerst dich: »*Wähle sorgsam, was du tun willst, und dann lass dich nicht davon abbringen.*« Auch wenn du das vielleicht nicht gerne hörst:

Auf deinem Lebenshighway wird es Baustellen und Gegenverkehr geben. Die gute Nachricht ist: Je besser du diese negativen Einflüsse schon im Vorfeld kennst, durchschaust und miteinkalkulierst, desto weniger haben sie die Chance, dich von deinem Weg abzubringen oder zu crashen.

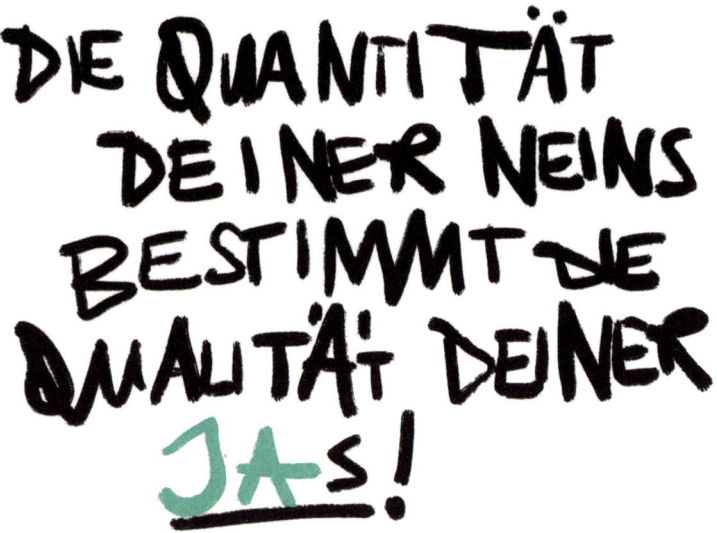

DIE QUANTITÄT DEINER NEINS BESTIMMT DIE QUALITÄT DEINER JAS!

WENN SICH EINE TÜR NICHT ÖFFNET – IST DAS EIN ZEICHEN?

CHRIS: Ich träumte jetzt nicht von einer Kanzlerschaft, mein Traum war ein Auslandssemester in New York! In meinen Gedanken stellte ich mir das Leben in der Stadt der unbegrenzten Möglichkeiten grandios vor. Ich hatte es mir sorgfältig überlegt und mich bei drei Universitäten beworben. Die Bewerbungen waren verbunden mit einem riesigen bürokratischen Aufwand: beglaubigte Zwischenzeugnisse, Bewerbungsschreiben auf Englisch, Empfehlungsschreiben von Professoren für Stipendien, Sprachtest für 250 US-Dollar usw. Ein halbes Jahr später bekam ich zuerst von der einen Universität eine Absage und dann von den anderen beiden. Mein Traum war nach monatelanger Arbeit geplatzt.

Nun gab es zwei Möglichkeiten: hinschmeißen, nach dem Motto »Soll wohl nicht sein«, oder weitermachen. Ich hatte zu diesem Zeitpunkt schon eine wichtige Sache gelernt: Nur weil eine Tür erst mal zugeht, bedeutet das nicht, dass es der falsche Weg ist.

Nachdem ich mich von der Enttäuschung erholt hatte, begann ich zu überlegen, was ich noch besser machen konnte, und bewarb mich erneut. Der Kreislauf begann von vorn: Telefonate, Empfehlungsschreiben, Bewerbungsschreiben, lauter unnötige Dokumente usw. Wieder ein enormer Aufwand. Als ich ein halbes Jahr später abermals innerhalb kurzer Zeit drei Absagen in der Hand hielt, war ich am Boden zerstört. Ich wollte doch unbedingt in die Staaten, ich hatte lauter Ideen und Träume, die ich in New York umsetzen wollte. Aber irgendwie schien es für jemanden wie mich, der auf einer Fachhochschule studierte und nur durchschnittliche Noten hatte, so gut wie unmöglich zu sein. Ich lag an diesem Abend im Bett und hatte die wahrscheinlich größten Selbstzweifel jemals.

Als ich meinen Freunden erzählte, dass ich wieder nur Absagen bekommen hatte, versuchten sie mich zu trösten. Sie sagten: »*Chris, vielleicht sollte es einfach nicht sein*« (= Schicksal). Einige meiner christlichen Freunde sagten: »*Vielleicht will Gott dir mit der Absage zeigen, dass das gerade nicht dran ist*« (= Leitung durch eine verschlossene Tür). Ja, zugegeben, in gewissen Situationen hat es sich in meinem Leben bewährt, offene Türen zu nutzen und die geschlossenen hinter mir zu lassen. Doch man sollte kein Gesetz daraus machen.

Fast hätte ich mich mit der Absage abgefunden, als mir etwas auffiel: Ich hatte mir die ganze Sache wirklich sorgsam überlegt. Ich hatte meine Motive geprüft, auch beim Beten bekam ich keinen negativen Eindruck. Ich wünschte mir so sehr, in New York zu studieren, und es gab einfach keinen wirklich bedeutenden Grund, warum dieses Auslandssemester nicht positive Auswirkungen auf meinen Lebensweg haben würde. Deshalb beschloss ich, es noch ein letztes Mal zu versuchen, und bewarb mich noch einmal – natürlich wieder inklusive des gesamten Bewerbungsaufwands.

Einige Monate später lag die Zusage in meinem Briefkasten.

Was ich spätestens nach diesen Bewerbungen gelernt hatte: Nur weil eine Tür nicht von allein aufgeht, heißt das nicht, dass sie die falsche ist. Nur weil etwas von Anfang an nicht klappt, bedeutet das noch lange nicht, dass es keine gute Idee ist.[16] Im Gegenteil, ich kann mich sogar an kaum eine Situation erinnern, in der eine geniale Idee oder ein richtig guter Plan sofort reibungslos aufgegangen wären. Die Zeit in New York war im Rückblick gesehen nicht nur auf persönlicher Ebene, sondern auch in meiner Beziehung zu Gott eines der wichtigsten Erlebnisse, die ich bis heute hatte – obwohl die Türen dorthin zunächst nicht aufgingen.

> **Zum Nachdenken**
> Wo bist du gerade am Zweifeln, ob du auf dem richtigen Weg bist, weil die ersten Anläufe nicht erfolgreich waren?

TOBI: Chris' Geschichte erinnert mich an eine Story aus der Bibel. Ein Volk namens Juda kämpft gegen ein Volk namens Benjaminiter (Richter

20,18-39). Als Juda angreift und verliert, ist das Volk verunsichert. Aber nachdem sie sich noch mal das Go von Gott geholt haben, probieren sie es erneut – und scheitern wieder. Nun sind die Judäer ziemlich frustriert (wie Chris). Sie zweifeln an sich und daran, ob sie Gott richtig verstanden haben, aber bevor sie aufgeben, fragen sie ihren Schöpfer trotzdem noch mal, ob sie es erneut versuchen sollen. Der ermutigt sie und sagt: »Ja, greift noch mal an!« Was sie dann auch in die Tat umsetzen. Erst im dritten Anlauf erreichen sie ihr Ziel. Sie haben an sich gearbeitet, aus Fehlern der vorherigen Anläufe gelernt und ihre Taktik verbessert. Diese Geschichte kommt also zum selben Schluss wie die von Chris: **Wenn du dir eine Sache in deinem Leben sorgfältig überlegt und deine Motive geprüft hast, dann lass dich nicht davon verwirren, wenn sich eine Tür nicht gleich öffnet.**

SEI HINDERNISSEN EINEN SCHRITT VORAUS

CHRIS: Mein Learning ist: Je wichtiger dein Ziel ist, desto größer ist nach meiner Erfahrung die Wahrscheinlichkeit, auf Hindernisse zu stoßen. Aber allein dieses Wissen, dass Schwierigkeiten kommen oder unerwartete Probleme auftreten werden, macht es deutlich einfacher, sie zu überwinden. Denn: Man ist schon drauf vorbereitet.

> **Zum Nachdenken**
> Bist du darauf vorbereitet, dass Hindernisse kommen werden?

Wie kannst du dich auf Hindernisse vorbereiten? Ich habe mir nach der New-York-Erfahrung ein bestimmtes Mindset angewöhnt, nämlich: Nicht gleich aufgeben, sondern nachhaken und wenn nötig noch eine Extrarunde gehen! Für andere Situationen bereite ich mich auch praktisch auf Hindernisse vor: Nachdem ich zum Beispiel immer mal wieder bei wichtigen Bewerbungstelefonaten erlebte, direkt Absagen zu bekommen, habe ich das bei neuen telefonischen Anfragen im Vorfeld bereits einkalkuliert. Das hilft mir, in dem ersten enttäuschenden Moment am Telefon nicht frustriert aufzugeben, sondern beharrlich dranzubleiben. Außerdem habe ich mir verschiedene Antwortalternativen für diverse Szenarien aufgeschrieben, um dementsprechend reagieren zu können.

»Ich kann ihnen nicht helfen.«

»Wer könnte mir denn da weiterhelfen?«

»Die Person ist leider nicht da.«

»Ab wann kann ich sie erreichen?«

»Sie brauchen für den Studiengang Vorkenntnisse in Thermodynamik.«

»Das hatten wir bereits in Physik, es hat nur einen anderen Namen im Zeugnis.«

DAS LEBEN IST KEIN PONYHOF

TOBI: »*Ich geb Gas, ich geb Gas, denn ich will Spaß, ich will Spaß!*« Diese Einstellung aus dem berühmten Song kann zu einem Hindernis werden! Schauen wir sie noch mal genauer an. Unsere Vorstellung vom Leben ist, dass wir in dem, was wir machen, immer glücklich sein wollen und Spaß haben werden. Das wird uns ja auch überall vermittelt. Google mal das Wort Musikunterricht und du wirst in der Bildersuche lauter fröhliche Kinder mit Blockflöten, Klavier und Geige finden. Was man dort nicht sieht, ist nächtelanges Üben, bis man ein Musikstück beherrscht (oder die Eltern, die sich schmerzhaft das Geflöte anhören müssen und mit Kindern diskutieren, die nicht üben wollen). Unter Sporttraining erscheinen strahlende junge Frauen in Leggings anstatt schwitzende und verzweifelte Gesichter, die sich durch ihr Work-out quälen. Gibt man die Suchwörter Beruf oder Job ein, sieht man ganze Teams, die einem motiviert entgegenlächeln – von Stress und Termindruck keine Spur! Und bei Studieren findet man Studentengruppen, die zusammen interessiert und lachend in ein Buch schauen. Ich habe während meines Studiums fast immer mit Freunden zusammen gelernt, aber dass wir lachend und interessiert zusammen in eines unserer Bücher geschaut haben, ist mir nicht so oft passiert (höchstens aus Verzweiflung kurz vor der Prüfung).

Wer schon einmal im Sport trainiert hat, etwas in der Ausbildung lernen oder sich im Bereich *Kunst* entwickeln wollte, weiß, dass das oft ziemlich anstrengend ist. Aber das gehört dazu! Ich vergleiche das gerne mit Wachstumsschmerzen, die man als Kind hatte. Wurde man ein paar Zentimeter größer, tat das oft auch weh. Dasselbe gilt für dein berufliches Wachstum, aber auch für Musik oder Sport. Dinge, die viele Leute als Ausgleich machen oder um Energie zu tanken, können einem viel abverlangen und auch mal echt wehtun, will man darin weiterkommen.

Wenn ich nun tief in meinem Herzen gespeichert habe, dass das, was ich tue, immer Spaß machen und ich immer glücklich sein muss, werde ich mich oft gegen den schweren Weg entscheiden, der aber eigentlich meinen Begabungen entsprochen hätte. Vielleicht hast du eine schwere Prüfung vor dir oder deine Arbeit macht gerade alles andere als Spaß, weil du nur sehr langsam vorankommst. Was auch immer du gerade machst, sei geduldig und beweise Ausdauer. Es ist völlig okay, wenn eine Phase anstrengend ist. Das gehört zum Leben dazu, und dass es nicht immer ein Ponyhof ist, weiß auch der gute Salomo:

> Wer hart arbeitet, hat Erfolg und kommt nach oben;
> der Faule dagegen endet als Sklave.
> SPRÜCHE 12,24; NLB

FIESE ABLENKUNGEN

> Ablenkung ist der Feind Nr. 1 deiner Bestimmung.
> PASTOR ROBERT MADU[17]

CHRIS: Ich bin mitten im Lernen, als ich etwas im Internet nachschlagen muss. Dummerweise ist im Browser noch meine Lieblings-Social-Media-Plattform geöffnet und eine interessante Neuigkeit auf der Startseite springt mir direkt ins Auge. Dreißig Minuten später bin ich völlig versunken im Newsfeed: »*Oh, ich wollte ja eigentlich was für meine Klausur nachschauen ...*«, erinnere ich mich. Grummelnd schließe ich die Seite, klappe meinen Laptop zu und hole mein Handy aus der Tasche, um in meine Notizen zu schauen, was ich genau recherieren muss. Da ploppt eine Nachricht auf. Ich beginne zu lesen, bis mir auffällt, dass mir die News ja schon bekannt vorkommen, denn auf der Seite war ich ja vor einer halben Stunde schon. »*Okay, Chris, reiß dich zusammen*«, denke ich und versuche mich aufs Lernen zu konzentrieren.

Ich probiere also in der Musterlösung der Technischen Mechanik-Altklausur den vorgegebenen Lösungsweg zu verstehen, aber dieser eine Rechenschritt macht für mich irgendwie keinen Sinn. Ich lese die Stelle noch mal. Und noch mal. Und noch mal. Ich verstehe sie aber immer noch nicht. Seufzen: »*Mal was zu essen machen, kurz ins Bett legen, Blick aufs Handy, mal sehen, was die Newsportale so schreiben. Wie sehen die Fußballergebnisse aus? Hat Bayern gewonnen? Moment, da postet mein Kumpel was Interessantes ...*«, aber bevor ich das lese, fällt mein Blick auf einen anderen Link: »*Oh, das Mädchen sieht aber heiß aus in ihrem Bikini ...*«

TOBI: Ja, und da ist es wieder, das gute Smartphone. Medien sind nicht einfach nur der Zeitfresser unserer Zeit, sondern bringen dich ganz schnell aus deinem Arbeitsflow raus. Deshalb werden wir in diesem Buch immer wieder auf sie Bezug nehmen. Auch wenn es das Netz mit all seinen Verlockungen zu Zeiten von König Salomo noch nicht gab, haben sich die Menschen damals wohl auch schon gerne ablenken lassen. Denn er hat einen Rat parat, der auch noch für uns heute aktuell ist:

> Schau weder nach rechts noch nach links und halte dich vom Bösen fern.
> SPRÜCHE 4,27; HFA

Wenn du auf deinem Weg bist und insbesondere, wenn du gerade am Anfang deines Weges bist, können links und rechts Sachen kommen, die versuchen werden, dich von deinem Pfad abzubringen.[18] Selbst kleine Ablenkungen in unserem Alltag haben das Potenzial, uns auf unserem Weg aufzuhalten.

> **Zum Nachdenken**
> Was sind bei dir solche Sachen, die links und rechts auftauchen? Welche Sorgen und welche verlockenden Angebote können dich verführen und von deinem eigentlichen Weg abbringen? Wie kannst du sie besiegen (z. B. Social Media erst ab 19 Uhr oder nur samstags zu nutzen)?

3.4 DIE KUNST DER SELBSTBEHERRSCHUNG

Kein Soldat, der in den Krieg zieht, darf sich von alltäglichen Dingen ablenken lassen, wenn sein Befehlshaber mit ihm zufrieden sein soll.

2. TIMOTHEUS 2,4; HFA

TOBI: Wie schaffen wir es, uns von Dingen wie Social Media, Filmen, Games, Essen, Musik, unserem Bett oder verlockenden Angeboten im Alltag nicht ablenken zu lassen?

Das Geheimnis ist Selbstbeherrschung. Auch Selbstdisziplin genannt. Klingt ein bisschen nach Militär? *Haltung, Teichen! Disziplin zeigen!* Im Ernst, manchmal ist es ganz gut, wenn man *straight* ist und Dinge durchzieht. Wenn du diese Disziplin nicht einsetzt, könnte es sein, dass das der entscheidende Grund ist, weshalb du heute trotz des Potenzials, das in dir steckt, noch nicht mal annähernd deine Fähigkeiten in vollem Umfang einbringen kannst. Auch in der Bibel findet man verschiedene Stellen über dieses Thema.

FRUIT FULL LIFE **BRING DEINE BEGABUNGEN AUF DIE STRASSE**

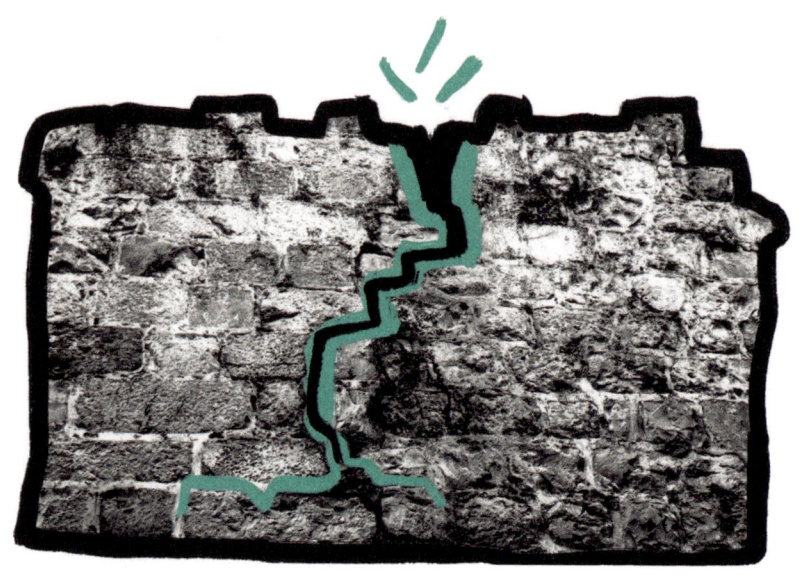

Ein Mensch ohne Selbstbeherrschung ist so schutzlos wie eine Stadt mit eingerissenen Mauern.
SPRÜCHE 25,28; NLB

Eine Stadt vor 3000 Jahren mag wunderschön gewesen sein und beste Voraussetzungen für eine florierende Wirtschaft besessen haben. Doch konnte sie bereits bei einem einzigen eingerissenen Mauerabschnitt von einer feindlichen Armee eingenommen werden. Das heißt im übertragenen Sinn: Du kannst hochbegabt sein, viele Fähigkeiten besitzen, beste Voraussetzungen haben, aber ohne Selbstbeherrschung, die dich wie eine Mauer schützt, kann dich selbst eine Kleinigkeit wie Social Media, übermäßiger Alkoholkonsum, ein PC-Spiel oder eine Netflix-Serie »einnehmen«. Das wäre suboptimal.

Okay, aber wie bekommt man Selbstbeherrschung?

> Selbstbeherrschung ist die Fähigkeit, in jeder Situation die bedeutenden von den drängenden Dingen zunächst zu unterscheiden und sich dann auch für die bedeutenden zu entscheiden. Dies ist dann möglich, wenn die eigenen inneren Begierden in der richtigen Reihenfolge geordnet sind: also, die wichtigen Dinge am meisten von unserem Herzen begehrt werden, die weniger wichtigen Dinge weniger stark.
> TIMOTHY KELLER [19]

CHRIS: Zwei Beispiele aus meinem Leben:

Ich liebte schon als Jugendlicher Schokolade. Was mir aber als Sportler noch wichtiger war: bei einem Wettkampf gut abzuschneiden. Ich wollte das Ding gewinnen und wollte dafür möglichst fit sein. Weil mir der Wettkampf wichtiger war als die Tafel Schokolade, fiel es mir leichter, darauf zu verzichten. Mein Herz hat das Wichtigere mehr begehrt. Heute habe ich zwar keine Wettkämpfe mehr, aber ich habe mir andere Ziele gesucht, die mir wichtiger sind, als jeden Tag Süßigkeiten zu essen. Dadurch wird Selbstbeherrschung ganz einfach.

Ein anderes Beispiel: Ich habe früher sehr viel Computer gespielt. Manchmal stundenlang bis spät in die Nacht. Eines Abends, als ich mal wieder ein paar Stunden zocken wollte, hatte ich einen Gedanken, der bis heute meinen Spielekonsum änderte: »*Du kannst die nächsten drei Stunden zocken oder alternativ einen Skitag mit Freunden organisieren.*« Ich entschied mich für das Skifahren mit Freunden. Es wurde ein mega Tag, wir hatten heftigen Powder, Sonnenschein und mittags gab's Kaiserschmarrn. Ich spiele gern Computer, aber an dem Tag veränderte sich etwas Grundlegendes: Ich entdeckte nach und nach immer mehr Ziele, die ich noch mehr liebte, als abends zu zocken. Einmal entschied ich mich, stattdessen eine coole Geburtstagsparty zu organisieren, ein anderes Mal schrieb ich eine Bewerbung für ein Stipendium und wieder ein anders Mal plante ich statt einer Stunde Zocken eine Auslandsreise mit meinem besten Freund. Ich habe gemerkt: **Das Leben ist real! Es gibt noch krassere Sachen, als einfach die Konsole anzuschalten.**

Wir brauchen also nicht unbedingt mehr Selbstdisziplin oder Selbstbeherrschung, sondern müssen lernen, Ziele zu finden, die noch attraktiver sind, als jeden Abend Serien zu schauen oder stundenlang Storys auf Social Media von anderen Leuten anzuschauen.

Leb dein Leben! Fang an, die bedeutenden Sachen mehr zu lieben als die unbedeutenden. Wenn wir das schaffen, wird sich unser Leben auch nicht mehr nach harter Selbstdisziplin und Kampf anfühlen – einfach weil wir lieben, was wir tun.[a]

Brainstorming

Warum willst du früh aufstehen? Warum dich gesund ernähren? Was willst du anstatt von stundenlangem Serienschauen oder Zocken abends tun? Wenn du keine guten Gründe hast, wirst du dein Leben auch nicht ändern. Erstell dir deswegen eine Liste auf deinem Smartphone und sammle dort deine Ideen.

---

[a] Dieses Prinzip von Selbstbeherrschung findet man auch in den Erzählungen über Jakob in der Bibel. Er liebte Rahel, aber ihr Vater wollte der Ehe nur zustimmen, wenn Jakob sieben Jahre für ihn arbeiten würde. Krass! Sieben Jahre für die Liebe schuften, das muss hart gewesen sein! Für Jakob war es nicht schwer, wie folgende Stelle zeigt: »So arbeitete Jakob sieben Jahre für Rahel, und weil er sie liebte, kam ihm die Zeit wie ein paar Tage vor« (1. Mose 29,20; NeÜ). Warum verging die Zeit für ihn wie im Flug? Da er sein Ziel, Rahel, so sehr liebte, fühlten sich sieben Jahre harte Arbeit nicht wie einengende Selbstdisziplin an.

3.5 »DER FEIND« IN DEINEM LEBEN

TOBI: Heute schon Zeitung gelesen? Ich auch nicht, denn ich lese meine Nachrichten (leider) auch auf meinem Smartphone. Dass es auf dieser Welt Schlechtes gibt, ist bei den Schlagzeilen, egal ob digital oder analog, nicht so schwer zu erkennen. Kriege, Mord und Totschlag, Naturkatastrophen und vieles mehr. Manche Menschen nehmen das einfach als gegeben hin, die Bibel hingegen personalisiert das Negative als *Teufel*.[b] Man findet dort verschiedene Namen, die ihn gut charakterisieren: Verwirrer, Ankläger, Widersacher, Versucher, Lügner.[20] Dieser Gegner ist der Grund, warum es Leid auf der Welt gibt, und er sorgt immer wieder dafür, dass wir denken, dass es einen liebenden Gott nicht geben kann.

Man muss dem Widersacher auch nicht zu viel Beachtung schenken,[21] aber es ist hilfreich, im Hinterkopf zu behalten, dass es ihn gibt. Durch seine Personalisierung wird er nämlich berechenbar.

> Seid besonnen und wachsam und jederzeit auf einen Angriff durch den Teufel, euren Feind, gefasst! Wie ein brüllender Löwe streift er umher und sucht nach einem Opfer, das er verschlingen kann.
> 1. PETRUS 5,8; NLB

Leg dein Augenmerk mal auf »*Seid besonnen und wachsam*«. Das bedeutet: »*Hab keine Angst vor diesem lauernden Löwen, sondern bereite dich auf seine Angriffe vor!*«

---

[b] Natürlich sind die Hollywoodbilder, die wir heute aus Filmen vom Teufel kennen, völlig absurd.

Ich möchte kurz ein paar Vorgehensweisen von ihm aufdecken, weil dir dieses Wissen helfen kann, mit Hindernissen und »steinigen Wegen« umzugehen. Der Teufel mischt sich nämlich nicht nur ins große Weltgeschehen ein, sondern auch in dein individuelles Leben. Und das besonders gerne bei den Punkten, die wir uns bereits angesehen haben:

STRATEGIE 1: DER »VERSUCHER« VERSUCHT DICH DA ANZUGREIFEN, WO DU GERADE SCHWACH BIST.

Beispiel: Am nächsten Tag hast du ein wichtiges Gespräch, du willst gerade schlafen gehen, aber dann kommt dir ein Gedanke, dass du ja noch eine kurze Episode deiner Lieblingsserie anschauen könntest. Einfach um runterzukommen. Aber nach der ersten Folge kannst du nicht widerstehen und kommst erst drei Folgen und 2,5 Stunden später zum Einschlafen. Am nächsten Morgen bist du hundemüde und vergeigst den Termin.

Reaktion: Wenn du weißt, wo deine Schwächen sind, kannst du schon von vornherein überlegen, wie du am besten erst gar nicht in Versuchung kommst. In diesem Fall wäre es besser gewesen, die Glotze auszulassen.

STRATEGIE 2: DER »VERWIRRER« BIETET DIR VERMEINTLICH BESSERE ALTERNATIVEN AN.

Ich weiß inzwischen, dass er zum Beispiel probieren kann, mich auch mit auf den ersten Blick »guten« Sachen von meinem Ziel abzulenken.

Beispiel: Mitten in der Prüfungszeit kommen die besten Events, das Wetter wird super oder deine Mutter ruft dich an, weil sie deine Hilfe bei einem Computerproblem braucht.

Reaktion: Mach dir bewusst: Du kannst deine Mama auch am Abend nach dem Lernen zurückrufen, es werden auch nach den Prüfungen weitere coole Partys kommen und es wird auch danach noch schöne Sommertage geben. Viele einmalige Gelegenheiten sind gar nicht so einmalig.

STRATEGIE 3: DER »ANKLÄGER« WILL DIR UNTERBEWUSST EINREDEN, DASS DU DICH BEWEISEN MUSST.

Daraufhin kommst du von deinem Weg ab und machst etwas, obwohl du es eigentlich gar nicht willst.

Beispiel: Eigentlich gibt es eine bestimmte Ausbildung, die dich interessiert. Aber dann hörst du von deinen Freunden, dass sie alle studieren. Wärst du auch gut genug, ein Studium zu schaffen? Obwohl du nur wenig Interesse an dem Inhalt des Studiums hast, studierst du jahrelang diese Sache – nur um zu beweisen, dass du es kannst.

Reaktion: Anstatt dich erst beweisen zu müssen (wem eigentlich?), erinnerst du dich daran, wer du bist (mehr dazu in Kapitel 5.1), und entscheidest dich für das, was du wirklich willst. So schaffst du es, auf deinem eigenen Weg zu bleiben.

3.6 AUFSTEHEN, KRONE RICHTEN, WEITERGEHEN

TOBI: Wenn du im Hinterkopf behältst, dass es etwas oder jemanden gibt, der verhindern möchte, dass dir Sachen gelingen, dann verändert sich etwas in dir. Du bist plötzlich nicht mehr dein eigener Gegner, sondern du *hast* einen Gegner.[a] Das macht es etwas einfacher, Versuchungen zu widerstehen und nicht auf Ablenkungen hereinzufallen. Man ergibt sich viel seltener den Umständen, gibt seltener bei der ersten Absage auf oder lässt Sätze im eigenen Kopf nicht mehr so schnell zu, wie: »So bin ich halt.« Vielmehr kannst du innerlich entgegnen: »Rede mir so einen Müll über mich nicht ein! Führe mich nicht in Versuchung, auf den Trick falle ich nicht rein! Ich fühle mich zwar müde, aber ich stehe jetzt einfach auf, weil ich genau weiß, dass ich in jeder Stunde, in der ich wach bin, ein Segen für diese Welt sein werde.«

Sei eine Person, bei der der Teufel jeden Morgen, wenn du aufstehst, sagt: »*Mist, sie ist aufgestanden! Mist, er ist aufgestanden!*«

CHRIS: Was ist, wenn dich dann tatsächlich etwas von deinem Weg abgebracht hat und du hingefallen bist? Nicht schlimm, aber steh wieder auf! Bei einigen der wichtigsten Schritte in den vergangenen Jahren habe ich erst mal eine Absage bekommen. Am Ende ist aber nicht entscheidend, wie oft man gescheitert ist, sondern dass man jedes Mal wieder aufgestanden ist.

---

[a] Bei diesem Thema gibt es zwei Seiten. Einige Menschen ignorieren einfach, dass es den Teufel gibt, und wundern sich, wenn sie hinfallen. Es gibt aber auch Christen, deren Fokus andauernd auf dem Teufel und Dämonen liegt. Ihr Alltag wird von der Angst vor ihm bestimmt, jedes kleine Ereignis wird als ein Angriff des Teufels gedeutet. Ein Leben in Furcht ist nicht das, wozu Gott uns geschaffen hat. Unsere Aufmerksamkeit sollte auf Gottes Macht und Treue liegen. In Jesaja steht: »Fürchte dich nicht, denn ich bin mit dir; hab keine Angst, denn ich bin dein Gott!« (Jesaja 41,10; EU).

Die Bibel ermutigt uns auch, genau das zu tun, zum Beispiel hier:

> Wir werden zu Boden geworfen, aber wir stehen wieder auf und machen weiter.
> 2. KORINTHER 4,9; NLB

Vielleicht hast du dir viel für heute vorgenommen, wolltest früh aufstehen, anfangen zu lernen oder mit einem ungesunden Verhalten aufhören und bist gescheitert. Mach dich nicht fertig, versuch es morgen einfach noch einmal. Und wenn es nicht klappt: Versuch es am übernächsten Tag wieder.

> Und sage zu ihnen: So spricht der Herr: Fällt man denn und steht nicht gleich wieder auf? Oder wendet man sich ab und kehrt nicht gern wieder zurück?
> JEREMIA 8,4; ELB

> Lacht nicht über mich, meine Feinde! Denn wenn ich auch falle, werde ich doch wieder aufstehen. Ist um mich herum auch alles dunkel, ist doch der Herr selbst mein Licht.
> MICHA 7,8; NLB

TOBI: Bei all den Anregungen, die du bis hierher gelesen hast, sollst du wissen: Falls du an irgendeiner Stelle das Gefühl bekommen solltest, bei mir oder Chris läuft alles immer einwandfrei, muss ich klar widersprechen. Oft fällt es mir bei einer Entscheidung auch schwer, die richtige Wahl zu treffen. Mir fällt es auch nicht immer leicht, wieder aufzustehen, wenn ich hingefallen bin. Ich kämpfe auch immer wieder mit dem Thema Selbstdisziplin oder stelle fest, dass ich teils egoistische Motive bei einem Ziel habe. Allerdings komme ich heute deutlich besser mit diesen Situationen zurecht als noch vor einigen Jahren.

WAS TREIBT DICH AN? – GESUNDER UND UNGESUNDER KRAFTSTOFF

04

CHRIS: Mit Anfang zwanzig hatte ich zunächst einen starken Antrieb. Ich habe mich als ehrgeizig beschrieben und versuchte, durch diesen Ehrgeiz getrieben, meine Ziele zu erreichen. Je besser ich aber Gott kennenlernte, desto öfter stellte ich fest, dass sich bei vielen meiner Bemühungen sehr ungesunde Motive hinter meinem Antrieb verbargen. Der Kraftstoff, mit dem ich meine Tanks füllte, war sozusagen eher von minderer Qualität.

Das sah in der Praxis so aus: Ich gab Vollgas im Krafttraining, weniger für den Sport an sich, sondern vor allem, weil ich gut im Schwimmbad aussehen wollte. Ich studierte fleißig Wirtschaftsingenieurwesen, weil man dann einen guten Ruf hatte und ich mir wie unser Nachbar auch eines Tages so ein schickes Auto kaufen könnte. Ich verbrachte viele Stunden bis spät in die Nacht damit, eine innovative Idee für ein Start-up zu finden, einfach, damit ich mal ein eigenes Unternehmen gegründet hatte. Mein Antrieb wurde aus Neid oder aus der Sehnsucht nach Anerkennung und Geld befeuert.[a] Gängige Motive – aber nicht besonders gesunde. Kommt dir das vielleicht auch bekannt vor?

> **Zum Nachdenken**
> Was treibt dich an?

---

[a] Salomo sagt dazu: »Dann habe ich festgestellt, dass alle Mühe und jeder Erfolg nur eine Folge des Neides des einen auf den anderen sind. Auch das ist sinnlos und gleicht dem Versuch, den Wind einzufangen« (Prediger 4,4; NLB).

Als ich durch die Beziehung mit Gott lernte, auch ohne Anerkennung von Menschen oder viel Geld glücklich und zufrieden zu sein, entstand in mir ein neues Lebensgefühl. Es ging nicht mehr nur um mich. Ich wollte durch ständiges Vergleichen nicht mehr ständig schöner, wohlhabender oder erfolgreicher sein als andere. Ich wurde frei von vielen schrägen und ungesunden Motiven. Aber auf einmal hatte ich ein neues und sehr lähmendes Problem: **Ich hatte keinen Antrieb mehr!**

Meine alten Beweggründe waren zwar ungesund, aber hatten mir auch immer einen starken Schub gegeben. Keine Frage, es war gut, dass ich sie losgeworden war, aber jetzt hatte ich gar nichts mehr, das mich motivierte, Vollgas bei meinen Projekten im Büro zu geben, weil ich festgestellt hatte, dass Geld nicht das Wichtigste ist. Ich trainierte als Leistungsturner nicht mehr so hart, weil ich vermeiden wollte, dass es mir wie früher nur um mein Ego oder einen durchtrainierten Körper ging. Irgendwie war ich trotz meiner neuen Freiheit nicht komplett zufrieden. **Ich bemerkte, dass ich nicht mehr das Potenzial ausnutzte, das eigentlich in mir steckte.** Ich war zwar innerlich frei, aber gleichzeitig ohne Power, um meine Ziele zu erreichen. Ein Dilemma! Es gab nur eine Lösung: **Ich musste mir einen neuen Antrieb suchen.**

> **Zum Nachdenken**
> Gibt es Bereiche, für die du früher mehr Antrieb hattest als heute? Was hat dich damals angetrieben? Was wären die richtigen Motive?

Zunächst war ich deprimiert. Ich dachte, dass ich das, was mir bisher Spaß gemacht hatte, jetzt aufgeben und mir neue, »wertvollere« Beschäftigungen suchen müsste: etwas Sinnvolles studieren und in diesem vermeintlich wertvolleren Bereich dann arbeiten, mir Hobbys suchen, bei denen ich Gutes tun könnte. Doch dann hatte ich folgenden Gedanken: »**Ändere nicht das, was du machst, sondern warum und für wen du es machst!**« Das kam so:

Ich hatte einen Nebenjob als Cheerleader-Coach, schon bevor ich Jesus kennengelernt hatte. Schließlich brauchten die Cheerleader jemanden, der ihnen Saltos und Flickflacks beibrachte. Als ich dann Jesus kannte, wurde mir klar, dass eines der größten Motive, warum ich diesen Job machte, die Anerkennung war, die ich dafür von meinen Kumpels bekam. Mir ging es hauptsächlich darum, coole Bilder mit den hübschen Mädels zu posten. So gesehen war diese Beschäftigung also nicht sehr sinnvoll. Ich dachte also: Job als Cheerleader-Trainer aufhören und stattdessen etwas Sinnvolleres starten, wie zum Beispiel eine Jugendgruppe in der Kirche leiten.

Mitten in diesen Überlegungen hatte ich dann den Eindruck, den ich schon kurz erwähnt habe: »*Christian, du brauchst diesen Job nicht aufzugeben, aber verändere das Warum, weswegen du als Trainer bei den Mädels arbeiten willst.*«

4.1 PERSPEKTIVWECHSEL – GIB DEINEM ANTRIEB NEUEN SCHUB

CHRIS: Ich überlegte, was ein neues Warum sein könnte, und kam auf diese Dinge: Ich könnte mich dafür einsetzen, dass in diesem Verein Gemeinschaft und Freundschaften entstanden. Ich könnte einen Teil dazu beitragen, dass an diesem Ort unterschiedliche Menschen aus unterschiedlichen sozialen Schichten, Kulturen und Religionen respektiert werden und sich zu Hause fühlen können. Und dass in diesem Sportverein eine bunte Gruppe für ein gemeinsames Ziel kämpft. Vielleicht könnte ich wertvolles Feedback geben oder als Vorbild gewisse Werte vermitteln, die ich durch Jesus jetzt selbst verinnerlicht hatte, und so einen Platz mitgestalten, an dem junge Menschen mit ihren Talenten gefordert und gefördert werden. Dort einen Ort schaffen, an dem sie ihre Begabungen entdecken können, indem ich sie ermutige, bestimmte Aufgaben zu übernehmen, und ihnen meine Erfahrungen weitergebe.

Je mehr ich diese Vorsätze in die Tat umsetzte, desto mehr merkte ich, wie der Antrieb für diesen Job in mir immer größer wurde – aber jetzt auf eine gesunde Art! Natürlich habe ich es nicht geschafft, alle Ideen perfekt umzusetzen. Doch dass ich die Arbeit aus diesem ganz neuen Blick heraus betrachtete, veränderte die Art und Weise, wie ich als Trainer arbeitete. Und damit auch meine Einstellung darüber, wie sinnvoll dieser zunächst sinnlos erscheinende Job für mich wurde. Eine positive Kettenreaktion entstand: Dadurch, dass der Job sinnvoller wurde, wurde er mir wichtiger. Da er mir wichtiger wurde, war ich wieder motivierter, mich mit guten Ideen einzubringen, meine Zeit dort zu investieren und in diesem Team Vollgas zu geben.

Das war für mich ein Schlüsselerlebnis. Wenn ich heute in meiner Arbeit als Ingenieur oder in der Kirche von meinem Chef ein neues Projekt zugeteilt bekomme, auf das ich anfangs nur wenig Bock habe, bete ich einfach immer wieder: »*Gott, zeig mir deine Vision für dieses Projekt oder Thema. Zeige mir, was möglich ist, wo ist das Potenzial?*« Ich fange dann an zu brainstormen, nehme eine veränderte Perspektive ein und entdecke dabei neue Ziele, die mich motivieren, wieder Vollgas zu geben.

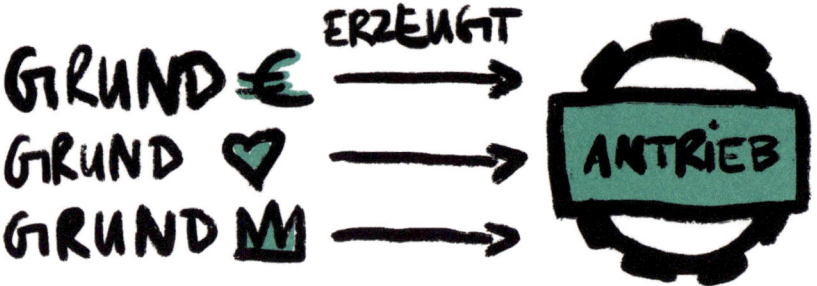

TOBI: Wie sieht das bei dir aus? Übertrage das Beispiel von Chris auf dein Leben, deinen Verein oder deine Organisation, in der du dich engagierst, auf deinen Freundeskreis, dein Studium oder deinen Beruf. Vielleicht bist du selbst gerade in einem Job, der auf den ersten Blick nicht besonders sinnvoll erscheint. Vielleicht bist du gerade nicht sehr motiviert bei einem bestimmten Schulfach oder in der Ausbildung und fragst dich, ob das wirklich das Richtige ist, was du machst. Ja, es kann gut sein, dass das nicht der richtige Ort oder die richtige Beschäftigung für dich ist. Es kann aber auch sein, dass du durch einen Perspektivwechsel das Potenzial neu darin entdeckst. Dass du, indem du das Besondere an deiner Tätigkeit siehst, die Art und Weise veränderst, wie du deinen Job machst. Dann kann er wieder oder noch mehr an Sinn gewinnen. Probier einfach mal aus, die Perspektive zu wechseln. Was das für Auswirkungen haben kann, erzählt uns Ruth:

> » Ich habe viele Jahre als Führungskraft in diversen Modeunternehmen des Premiumsegments gearbeitet. Ich hatte eine Leidenschaft für Mode und Design, doch eines Tages kam ich an den Punkt, an dem ich mich fragte, ob das der richtige Platz für die Zukunft sein würde. Auch wenn ich meinen Job grundsätzlich mit viel Passion lebte, litt meine Gesundheit darunter. Also kündigte ich. Viele Menschen in meiner Umgebung wunderten sich über diesen Schritt. Sie fragten mich: »Was willst du beruflich nun machen?« Und ich selber fragte mich das auch: »Wieder Modebranche? Oder ist dieser Bereich doch nichts für mich, weil er mir zu oberflächlich ist?« Nach ein paar Tagen Ruhe, setzte ich mich an meinen Laptop und begann, Ideen aufzuschreiben. Ich dachte mir: »Fang einfach mal an und schreib das auf, was auf deinem Herzen ist.«

85 Seiten später hatte ich das erste Konzept für einen Concept-Store entworfen. Was vor einigen Jahren auf dem Papier entstand, ist heute Wirklichkeit geworden. Und ja, ich arbeite immer noch im Bereich Fashion, der Fokus hat sich jedoch gedreht. Es geht nicht mehr in erster Linie um den Verkauf hochwertiger Produkte. Ich wünsche mir, dass die Kunden, die in den Store kommen, merken: »Hier geht es um dich!« Obwohl ich in derselben Branche zuvor beinahe zerbrochen wäre, brachte mir dieses »Anders«, dieser neue Fokus, wieder meine Leidenschaft zurück und eine neue Freude für einen Beruf, der nicht immer einfach ist, aber den ich heute mehr liebe denn je zuvor.[a] 〈〈

RUTH, 52 JAHRE

Unabhängig davon, ob du als Trainer wie Chris oder wie Ruth im Modebereich, ob du als Influencer oder Influencerin auf Social Media, als Sachbearbeiter im Büro oder als Kellnerin in einem Restaurant arbeitest – es muss auch nicht immer die große Sache sein, manchmal sind es nur kleine Dinge, mit denen du Sinn in deinen Job bringen kannst. Gott ruft uns dazu auf, erstens etwas zu werden und zweitens etwas zu tun. Das Erste ist bei jedem gleich: Wir dürfen Jesus immer ähnlicher werden. Wachsen in Liebe, Freude, Frieden, Geduld, Freundlichkeit, Güte, Treue, Rücksichtnahme und Selbstbeherrschung (Galater 5,22). Das Zweite kann unterschiedlich sein. Manche Jobs passen besser zu uns, andere weniger. Für welchen Beruf wir uns am Ende entscheiden, ist nicht das Ausschlaggebende. Entscheidend ist, wie wir es tun.

---

[a] In Lukas 3,11-14 erklärt Johannes dasselbe Prinzip anhand von Steuereinnehmern und dem Beruf als Soldat: Es kommt nicht darauf an, welchen Job du machst, sondern darauf, wie du ihn machst. Im Beispiel, das Jesus gibt, ist das ehrlich sein, sich um Hilfsbedürftige kümmern usw.

4.2 AUF DIE INNERE EINSTELLUNG KOMMT ES AN

CHRIS: Im Supermarkt gegenüber unserer Hochschule arbeitete ein junger Mann an der Kasse. Schon einige Male hat er einen Unterschied in meinem Leben gemacht: mal durch die freundliche Begrüßung, mal durch ein kurzes Gespräch, eine lustige Bemerkung oder ein Kompliment. Meist verließ ich das Geschäft fröhlicher, als ich es betreten hatte. Seine Einstellung erinnert mich an einen Satz von Pastor Robert Madu in einer Predigt: »Wie würde dir Jesus einen *Iced Coffee Latte* bei Starbucks zubereiten? Er würde dir den besten *Iced Coffee Latte* deines Lebens machen. Und er würde dafür sorgen, dass du rundum eine einmalige Zeit hast.«[22]

> **Zum Nachdenken**
> Wie kannst du an dem Ort, an dem du momentan deine Zeit verbringst, Licht für deine Mitmenschen sein?[a]

EIN HOCH AUF GUTEN SCHLAF

CHRIS: Selbst die besten Motive bringen mir nichts, wenn ich tagsüber so müde bin, dass ich während meiner Arbeit einschlafe. (Einmal bin ich in der Bibliothek eingeschlafen und habe im Schlaf so mit meinem rechten Arm gezuckt, dass ich beinahe die Studentin neben mir getroffen hätte.) Ein wacher Kopf ist die Voraussetzung, um im Alltag gut voranzukommen und gute Ideen zu haben. Daher kurz und knackig ein paar Tipps zum Thema Schlaf:

- **Routine** – Wichtigster Punkt zuerst: Versuche mal, eine Woche lang jeden Tag zur selben Uhrzeit ins Bett zu gehen und zur selben Uhrzeit aufzustehen. Dein Körper gewöhnt sich schnell daran, sodass es dir auch schnell viel leichter fallen wird, regelmäßig früh aufzustehen und abends gut einzuschlafen.

- **Früh aufstehen** – Wenn ich erst um 8 oder 9 Uhr aufstehe, komme ich mit Duschen, Zeit mit Gott, Frühstück, Arbeitsweg etc. erst um 10 oder 11 Uhr zum Arbeiten. Dann werde ich abends nicht mit meinen Aufgaben fertig, kann mir keinen Feierabend mit Freunden gönnen, gehe deswegen spät ins Bett und bin morgens wieder müde. Ein Kreislauf.

---

[a] Was mir bei meiner Arbeit als Ingenieur sehr geholfen hat, war der Satz: »Arbeite so, als wäre Gott hier gerade dein Chef.« Das habe ich aus der Bibel: »Arbeitet so bereitwillig, als würdet ihr Gott dienen und nicht Menschen« (Epheser 6,7; NLB). Und hier: »Tut eure Arbeit mit Eifer und Freude, als würdet ihr Gott dienen und nicht Menschen« (Kolosser 3,23; NLB). Das Ergebnis war nicht nur, dass ich sofort ein schlechtes Gewissen hatte, wenn ich während der Arbeit mein Handy zur Ablenkung rausholte, sondern generell meine Arbeit mit ganzem Herzen tat. Da ich mit dieser Einstellung einen besseren Job machte, kam ich besser voran, und letztendlich machte mir auch der Job mehr Spaß.

- **Früh schlafen gehen** – Die neunzig Minuten vor Mitternacht sind besonders wichtig für einen erholsamen Schlaf.[b] Geht man früh schlafen, ist es natürlich auch leichter, früh aufzustehen.

- **Snooze-Modus abschaffen** – Gewöhn dir an, beim ersten Klingeln aufzustehen, ohne nachzudenken.

- **Vermeide Naps** – Wenn ich nachmittags drei Stunden schlafe, muss ich mich nicht wundern, wenn ich abends nicht einschlafen kann.

- **Handy weglegen** – Wenn das Handy etwas entfernt vom Bett liegt, kommst du nicht in Versuchung, abends lange damit rumzuspielen und musst morgens beim Klingen aufstehen. So wirst du automatisch wach.

- **Plane vor** – Überleg dir am Abend, was du am nächsten Morgen machen möchtest, damit du einen guten Grund hast aufzustehen. Richte schon abends deine Klamotten, damit du nicht erst morgens im Bett entscheiden musst, was du anziehst.

Wie gut dein Leben verläuft, liegt zu einem großen Teil in deiner Hand. Und es beginnt damit, wann du morgens aufstehst.

---

[b] »Die 90-Minuten-Phase vor Mitternacht ist eine der stärksten Schlafphasen, denn in dieser Zeit tankt der Körper neue Energie. ... Es ist auch eine sehr wichtige Phase für die Neuorganisation des Gehirns. Alle Informationen, die wir während des Tages aufnehmen, werden in dieser Schlafphase vor Mitternacht neu geordnet. Und sie ist sehr wichtig, um den Adrenalinspiegel zu senken. Wenn man unter großem Stress steht, sollte man diese Phase vor Mitternacht einlegen«, sagt Dr. Nerina Ramlakhan. Sie ist Schlafexpertin und wir zitieren aus ihrem Buch »Tired But Wired: How to Overcome Your Sleep Problems – The Essential Sleep Toolkit« (Zitat in eigener Übersetzung).

> Wie lange willst du noch im Bett bleiben, du Faulpelz? Wann stehst du endlich auf? »Lass mich noch ein bisschen schlafen«, sagst du, »ich will nur noch ein Weilchen die Augen zumachen und kurz verschnaufen!« Doch während du dich ausruhst, ist die Armut plötzlich da, und die Not überfällt dich wie ein Räuber.
> SPRÜCHE 9-11; HFA

GÖNN DIR!

CHRIS: Es gibt noch einen Beschleuniger, der Auswirkungen auf deinen Antrieb hat, aber zunächst eher wie ein Bremser aussieht. Kennst du die Situation, in der du mit einer sinnvollen Arbeit beschäftigt bist, gute Motive, aber trotzdem nur wenig Antrieb hast?

Ich kenne das gut. Meine Arbeit bei einer Ingenieurfirma machte mir Spaß, war meiner Meinung nach sinnvoll und die Bezahlung war in Ordnung. Abends und am Wochenende verbrachte ich Zeit mit dem Aufbau meiner Selbstständigkeit, einem zusätzlichen Projekt, das mir ebenfalls sehr wichtig und meine Leidenschaft war. Aber obwohl ich meine Ziele liebte, hatte ich irgendwie für all die Arbeit keinen Antrieb und kam nur langsam voran. Als ich herausfinden wollte, wie ich mehr Motivation bekommen konnte, um dadurch wieder besser mit meiner Arbeit voranzukommen, stieß ich auf folgende Bibelstelle – mal wieder von Salomo –:

> Zwar sagt man: »Der dumme Faulpelz legt die Hände in den Schoß und verhungert«, ich aber meine: Besser nur eine Handvoll besitzen und Ruhe genießen als viel Besitz haben und alle Hände voll zu tun. Denn im Grunde lohnt sich das ja nicht.
> PREDIGER 4,5-6; HFA

In liebe dieses Bild: Lieber eine Handvoll mit Arbeit und eine Handvoll mit Erholung und Ruhe[23] als beide Hände voll Arbeit. Bei mir fehlte die Ruhe, denn ich arbeitete eigentlich von morgens bis nachts und war müde und erschöpft, weil eben beide Hände voll mit Arbeit waren und mir der Kopf rauchte. Am liebsten hätte ich noch mehr gearbeitet, musste mir aber eingestehen, dass ich besser und gesünder vorankomme, wenn ich weniger arbeite. Was Salomo vor 3000 Jahren beschrieb, können wir spätestens seit dem Fortschritt von Neurowissenschaft und Psychologie auch naturwissenschaftlich begründen. Es gibt heute unzählige Studien und Forschungsarbeiten, die bestätigen, dass wir durch Erholung und Ruhe insgesamt mehr leisten können.[24] Manchmal muss man sich regelrecht zur Ruhe zwingen, wenn das, was man leisten will, einen zu hohen Stellenwert im eigenen Leben bekommen hat.

EIN TAG AUSZEIT

TOBI: Auch dazu hat die Bibel eine Meinung: die Zehn Gebote. Kennst du? Check! Weißt du aber auch, welches Gebot davon am meisten übersehen wird? Das des Sabbats:

> Sechs Tage sollt ihr arbeiten. Aber am siebten Tag sollt ihr ruhen.
> 2. MOSE 23,12; NLB[25]

Die Bibel nennt das Prinzip, wenn Arbeit und Pause ausgewogen sind, Sabbat. Das bedeutet, innezuhalten oder mit etwas aufzuhören. Es geht darum, dass wir einen Tag in der Woche nichts tun, was uns Energie kostet. Stattdessen sollen wir unsere Zeit mit Dingen füllen, die uns Energie geben.[26] Das kann je nach Persönlichkeitstyp anders aussehen: Man kann Zeit in der Natur verbringen, sich Zeit nehmen, mal nichts zu tun, ein gutes Buch lesen oder Zeit mit Freunden erleben. Man kann Zeit genießen, in der man spontan sein kann, und Zeit für die Nähe mit Gott haben.[27]

> **Zum Nachdenken**
> Gibt es bei dir so etwas wie einen Ruhetag?

Mal ehrlich: Ist das nicht abgefahren? Gott muss uns Menschen verbieten, mal einen Tag nicht zu arbeiten! **Warum fällt es uns so schwer, einfach mal mit allem aufzuhören und nichts zu tun?**

Es sind meistens die Lügen in unserem Kopf, die uns antreiben. Die Vorwürfe an uns selbst, dass es nicht reicht, wenn man heute Abend nicht drei Stunden länger arbeitet. Die Anklage, dass meine Arbeit nicht gut genug ist, dass ich meinen Job verliere, wenn ich rechtzeitig

Feierabend mache, dass ich mit 28 schon meinen Doktortitel haben muss, dass mich das glücklich machen wird, wenn ich mir mit der Gehaltserhöhung endlich das Luxusauto kaufen kann. Die Gier nach mehr. Das Gefühl, nicht gut genug zu sein. Die Angst vor dem Versagen. Alles Lügen, die wir in unserem Kopf zulassen.

Ich kenne solche Gedanken gut und habe zum Glück schon als junger Mann gelernt, aktiv dagegen anzugehen: Kurz vor meinem Examen hatte ich immens viel zu tun. Der Stoff wurde nicht weniger und ich hätte gefühlt noch Wochen lernen können und immer noch Lücken gehabt. Alle meine Freunde ackerten wie ich für die Prüfungen. Mit einem Unterschied: Ich kannte damals schon das Prinzip des Sabbats und nahm mir konsequent einen Tag in meiner Woche komplett lernfrei. Viele meiner Freunde verstanden das nicht: »*Tobi, wie kannst du nur so gechillt sein und dich in die Sonne legen und ausruhen, wenn wir doch bald die wichtige Klausur haben?*«, fragten sie mich kopfschüttelnd. Gleichzeitig bekam ich mit, wie sie sich nicht mehr konzentrieren konnten, müde vor den Büchern saßen oder wegen zu viel Stress sogar krank wurden und gezwungen waren, eine Auszeit zu nehmen. Ich habe mich wirklich oft dazu überwinden müssen, mir diesen Tag freizunehmen – aber es hat sich gelohnt. Trotz Lücken im Lernstoff hatte ich am Ende ein sehr gutes Examen in der Tasche.

Auch heute plane ich diesen freien Tag jede Woche fest ein. Den Sabbat in deinen Kalender zu schreiben, ist echt wichtig, um ihn dann auch nutzen zu können. Diesen freien Tag konsequent einzuhalten, erfordert vor allem in stressigen Zeiten Disziplin und Vertrauen auf Gott. Innezuhalten und mit etwas aufzuhören, egal ob nach der Arbeit oder am Wochenende, muss man aktiv trainieren! Auch wenn du noch zur Schule gehst oder eine Ausbildung machst, gilt das für dich: Fange heute schon damit an, das Prinzip des Sabbats zu entdecken! Dann wird es dir später in deinem Leben in den herausfordernden Zeiten im Beruf oder mit einer Familie deutlich leichter fallen, dieses Prinzip auch zu leben.

Ein junger Mann aus unserer Kirche erlebte, dass man selbst in den stressigsten Zeiten das Prinzip vom Sabbat einhalten kann:

> Seit einiger Zeit arbeite ich in einem internationalen Biotech-Unternehmen. Als eines meiner Forschungsprojekte eines Tages auf dem Cover der *Nature*, eines der renommiertesten Wissenschaftsmagazine der Welt, erschien, bekam ich in unserer Firma mehr und mehr Aufmerksamkeit und wurde befördert. Mit der neuen Position wuchs allerdings auch der Druck, da ich der Geschäftsführung regelmäßig Bericht über meine Arbeit erstatten musste. Nebenher wurde ich plötzlich von überall für Vorträge auf Wissenschaftskongressen angefragt. Es gab plötzlich so viel zu tun, dass ich überlegte, Samstag und Sonntag durchzuarbeiten, um am Montag bestmöglich für die Präsentation vorbereitet zu sein. In unserer Kirche hatten wir gerade eine Serie zum Thema Sabbat, dem Ruhetag. Ich war mir zunächst unsicher, da ich Angst hatte, nicht gut genug für Montag vorbereitet zu sein. Ich entschied mich aber dafür, Gott einen Vertrauensvorschuss zu geben und Sonntag einfach freizumachen. Ich war überrascht:
>
> Obwohl die Präsentation am darauffolgenden Tag nicht ganz so perfekt war wie bisher, war die Geschäftsführung mehr als zufrieden. Das war der Startschuss für mich, Gott mehr und mehr in meinem Alltag zu vertrauen anstatt meiner eigenen Leistung. Und mir auch bei stressigen Arbeitssituationen den Ruhetag nicht nehmen zu lassen.
>
> VOLKER, 29 JAHRE

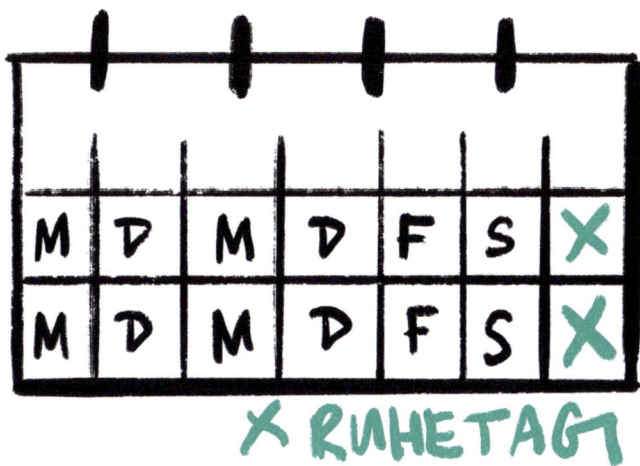

Ruhe in deinen Alltag zu bringen, wird dir wieder neue Energie bringen. Gönn dir auch beim Arbeiten immer mal wieder kurze Pausen. Du wirst am Ende besser vorankommen. Einen Sabbattag oder auch Sabbatmomente unter der Woche einzuführen ist nicht einfach. Aber dieses Prinzip zu leben, wird dir helfen, dich daran zu erinnern, dass Arbeit eben auch nur Arbeit ist. Timothy Keller hat es mal so formuliert: »*Sabbat ist eine aktive Befreiung: … Ich werde nicht dadurch definiert, wie viele Kunden ich habe oder wie viel Gewinn ich mache. Deshalb nehme ich mir jetzt eine Auszeit.*«[28] Ich kann Keller da nur zustimmen: **Keine Prüfung und keine Arbeit in der ganzen Welt sind so wichtig, dass du ununterbrochen arbeiten musst.** Nicht mal als Arzt, nicht im sozialen Bereich, nicht als Forscher und, ja, in meinem Fall auch nicht als Pastor.

4.3 GOODBYE, STRESS, HELLO, BALANCE

TOBI: Fühlst du dich manchmal als Nerd? Was für ein Bild hast du bei dem Wort im Kopf? Siehst du jemanden, der in seiner vermüllten Computerbude hockt und wie ein Irrer programmiert, das Shirt seit zehn

Tagen nicht mehr gewechselt, woran man sieht, dass er sich anscheinend tagelang von Chips und Cola ernährt hat? Ja, ich habe jetzt bewusst ein Klischee beschrieben. Aber es zeigt deutlich, was passiert, wenn man ein Leben ohne Balance führt. Denn ich denke, wenn der gute Mann aus meinem Beispiel nichts an seinem Lebensstil ändert, wird er in späteren Jahren wahrscheinlich öfter mal zum Onkel Doktor müssen.

Egal, wie alt jemand ist, in unserer Kirche glauben wir, dass eine gute Balance in den verschiedenen Lebensbereichen der Schlüssel für ein gesundes Leben ist. Grob zusammengefasst gibt es da: Arbeit und Finanzen, Beziehung und Freundschaft, Freizeit und Hobbys, unser leibliches Wohl, also unseren Körper, sowie den Bereich *Glauben und Spiritualität*. Oft nimmt ein bestimmter Bereich so viel Raum in unserer Woche ein, dass er alle anderen verdrängt. Beispiel: Wenn ich den ganzen Tag arbeite, habe ich vielleicht viel Geld und mache Karriere, aber ich habe zu wenig Zeit, um gute Freundschaften aufzubauen oder einen Lebenspartner bzw. eine Lebenspartnerin kennenzulernen. Das Prinzip gilt auch für die anderen Bereiche: Vielleicht bist du so sehr damit beschäftigt, auf Social Media Follower zu bekommen, dass du völlig vergisst, in deine tatsächlichen Freundschaften zu investieren. Oder vielleicht investierst du gerade als Christ nur in dein geistliches Wachstum, ernährst dich aber superungesund, hast keine Bewegung und vernachlässigst völlig deinen Körper. Schon der Evangelist Johannes plädierte für eine gesunde Balance der Lebensbereiche:

> Lieber Freund, ich bete, dass es dir in jeder Hinsicht gut geht, und dass dein Körper so gesund ist, wie ich es von deiner Seele weiß«.
> 3. JOHANNES 1,2; NLB

FRUIT FULL LIFE **WAS TREIBT DICH AN?**

> **Zum Nachdenken**
>
> Wie sehen aktuell deine Lebensbereiche aus: Arbeit, Beziehung und Freundschaft, Freizeit, Körper und Glaube? Welcher Bereich nimmt zu viel Raum ein? Welcher bekommt zu wenig Aufmerksamkeit? Wie könntest du das ändern?

CHRIS: Wir leben heute in einer unglaublich schnellen Welt. Mein Opa hat mal gesagt: *»Früher hast du einen Geschäftsbrief abgeschickt und hattest zwei Wochen deine Ruhe. Heute sendest du eine E-Mail ab und bekommst sie in fünf Minuten wieder zurück.«* Das macht das Leben nicht langsamer. Hier sind vier praktische Tipps, wie du in diesem Highspeed-Leben eine innere Gelassenheit behältst.

1. SETZE KLEINE DURCHATMER-MOMENTE.

TOBI: Vor einer roten Ampel zu warten, ist für mich megaanstrengend. Vergeudete Zeit! Warum fühle ich mich so ausgebremst? Weil wir heutzutage einfach im Eiltempo leben. Das ist ja nicht nur bei E-Mails so. Wir wechseln beim Supermarkt die Schlange, weil eine andere etwas schneller ist. Wir rennen lieber 500 Meter zum Bus, anstatt fünf Minuten auf den nächsten zu warten. Wir wechseln auf der Autobahn ständig die Spur, nur um ein paar Meter gutzumachen, und laufen über jede rote Ampel, um eine Minute Zeit zu sparen. Unsere Welt ist schnell. Hastig. Gestresst. Die Kunst ist, diesen unmenschlichen Speed zu durchbrechen und ab und zu einfach mal durchzuatmen und den Fokus neu zu setzen: die Sonne während der roten Ampel genießen, die Zeit in der Supermarktschlange für positive Gedankenspiele nutzen und unterwegs nicht nur gestresst Nachrichten auf dem Handy beantworten, sondern sich auch mal Zeit nehmen, um sich auf eine Bank zu setzen und den Ausblick zu genießen. **Lass dich unterbrechen in deinem Alltag und schaffe dir solche kleinen Ruhe-Momente.**

Überblick schafft Ruhe

Oft geraten wir in Stress, wenn wir den Überblick verlieren. Hast du dann Gedanken wie: »So viel zu tun!«, oder: »Wie soll ich das alles schaffen?« Es kann eine große Hilfe sein, etwas Ordnung in das Chaos zu bringen, wenn du dir aktiv einen guten Plan machst. Schreib alles auf, was gerade zu tun ist, bis wann was fertig sein muss, und verteile es nach Priorität in deinen Kalender. Eine gute Übersicht bringt Ruhe in einen stressigen Alltag.

2. TRAINIERE NEIN ZU SAGEN.

TOBI: Es braucht Mut, Nein zu sagen. Das lernte ein Mann aus unserer Kirche in seiner Arbeit:

> Mit Ende zwanzig begann ich, in einer Unternehmensberatung zu arbeiten. Schnell stellte ich fest, dass in dieser Firma das Projekt einen höheren Stellenwert als alles andere im Leben hatte. Wichtiger als die eigene Ehe, die Familie, Freunde oder Urlaub. Mitten im Urlaub bekam ich zum Beispiel einmal eine »wichtige« Anfrage des Kunden, die ich während meines Urlaubs bearbeiten sollte. Zunächst gab ich für diesen Job alles auf und stellte alles in meinem Leben unter die Projekte. Die Bibel nennt so etwas Götzen, das heißt, du machst etwas zu einem falschen Gott, indem du es an oberste Stelle stellst. Als ich kurz vor einem Burn-out stand, veränderte sich meine Perspektive. Nach einiger Zeit wurde ich mutiger. Ich entwickelte eine innere Sicherheit, erkannte meinen Wert und lernte Nein zu sagen. Der Anfang war herausfordernd, weil ich wusste: Wenn ich jetzt Nein zu der Anfrage von meinem Chef sage, macht jemand anders aus meiner Firma den Job. Bin ich bereit, den Preis dafür zu zahlen, dass der andere an meiner Stelle vielleicht befördert wird? Heute weiß ich: Wenn du langfristig erfolgreich sein möchtest, musst du lernen, Nein sagen zu können. Das erfordert Mut und lässt sich am besten schon in den frühen Jahren trainieren. Wenn du später eine Familie hast, die du mit deinem Job versorgen musst, ist es deutlich schwieriger, sich mal gegen den Chef zu stellen, wenn du das vorher nie trainiert hast.
> ROBERT, 55 JAHRE

Es braucht Kraft, Nein zu sagen und sich nicht von anderen Leuten verrückt machen zu lassen. Aber auch positive, verlockende neue Anfragen abzulehnen, muss man trainieren. Schließlich würdest du ja vielleicht dadurch Anerkennung bekommen, wenn du zum Beispiel die Präsentation vor den neuen Kunden hältst oder du das neue Projekt leitest, das dir angeboten wird. **Nein zu sagen hilft dir, einen Fokus zu setzen.** Warum? Durch das Nein bekommst du automatisch mehr Zeit für die Dinge, zu denen du bereits Ja gesagt hast, und du kannst sie dadurch besser machen.

> **Achte mal darauf**
> Wenn dich andere Leute fragen, wie es dir geht, und du mehrfach die Antwort gibst: *»Ist gerade viel los«*, dann solltest du dir ernsthaft (mit einem Freund) deine Wochenpläne anschauen.

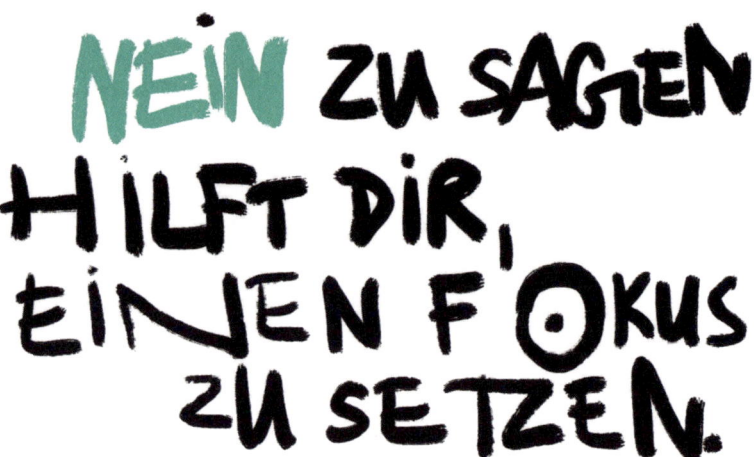

3. GÖNN DIR ZEIT FÜR DIE FREUDE AM LEBEN.

CHRIS: Die Freude am Leben ist ein starker Antrieb, um wieder fit für neue Herausforderungen zu werden. Doch für solche *Happy-Life-Momente* sollte man sich aktiv Zeit einplanen. An fünf Stellen im Buch Prediger betont Salomo, wie wichtig es ist, dass wir es uns immer mal wieder gut gehen lassen bei all unseren Herausforderungen.[a]

Als ich einmal nach meinen Prüfungen im Sommer freihatte, überlegte ich mir, wie ich diese Zeit gestalten wollte. Ich hätte viele »gute« Dinge tun können: einen Freund bei seiner Jobbewerbung unterstützen, meiner Schwester bei ihrer Physikumvorbereitung helfen oder endlich mal wieder meine Oma besuchen. Da ich mir unsicher war, betete ich und wollte von Gott wissen, was sein Vorschlag war. Daraufhin hatte ich einen sehr starken Eindruck, anstatt aller guten und frommen Engagements einen Segel- und Motorbootschein zu machen. *»Hast du Lust darauf?«*, fragte er mich. *»Ja, und wie!!!«* Ich war absolut begeistert!

Am Anfang überlegte ich noch, ob dieser Eindruck tatsächlich Gottes Idee für die nächsten Wochen sein konnte, da mir Segeln so eigennützig erschien. Ich ging aber so oft fälschlicherweise davon aus, dass Gott von mir will, dass ich ununterbrochen für ihn arbeite, Gutes für andere mache, in der Bibel lese, bete usw. Aber Stellen in der Bibel wie im Prediger von Salomo halfen mir, diese eigenartige Sicht von Gott als Spaßverderber loszuwerden.[29]

TOBI: Salomo hat verstanden, wie es geht! Als er als alter Mann auf sein Leben zurückblickt und seine Erfahrungen an die jüngere Generation

---

[a] Salomo sagt nicht, dass wir nur noch chillen sollen, sondern dass anstrengende Arbeit mit dem Genuss der Früchte unserer Arbeit zusammenhängt. Siehe Prediger 2,24; 3,13; 3,22; 5,17 und 5,18.

weitergeben möchte, fasst er zusammen: Arbeite! Streng dich an, sei fleißig und bemühe dich. Aber genieß auch dein Leben. Genieß deine Jugend. Genieße die Momente mit der Frau, die du liebst (Prediger 9,9). Nimm dir Zeit, das Leben zu feiern (Prediger 10,17). Gönn dir etwas (Prediger 5,17).

> Du junger Mensch, genieße deine Jugend und freu dich in der Blüte deines Lebens!
> PREDIGER 11,9; HFA

Verschwende nicht all deine Energie nur für Arbeit, sondern achte darauf, dass dir auch Energie für deine Freizeitgestaltung übrig bleibt. Freizeit zu organisieren braucht genauso Aufmerksamkeit wie deine beruflichen Projekte oder die Arbeit für die Uni. Ein Dinner, ein Spieleabend, Grillen am See oder ein gemeinsames Wochenende in einem Ferienhaus mit Freunden – all das kommt nicht von selbst auf dich zu. Man muss es ins Leben rufen und aktiv in die Tat umsetzen. Doch es lohnt sich. Wenn ich jedes Jahr an Silvester meinen Jahresrückblick mache, sind genau das die schönsten Momente des ganzen Jahres. Und es sind die Momente, die mir auch im Alltag helfen, wieder mehr Motivation für meine Arbeit zu haben.

4. FRÜCHTE GENIESSEN! IT'S PARTYTIME!

> Baut Häuser und richtet euch dort zum Wohnen ein. Legt Äcker und Gärten an und **freut euch an den Früchten,** die ihr erntet.
> JEREMIA 29,5; NLB

CHRIS: Dieser Vers bedeutet für mich, sich anzugewöhnen, die kleinen Erfolge zu feiern. Schwierige Klausur geschafft? Meilenstein in deinem Team, deinem Verein oder bei einem Projekt erreicht? Mega! Let's party! Nimm dir Zeit, eine schöne Belohnung zu planen. Viele Leute arbeiten lange auf ein bestimmtes Ziel hin, aber vergessen dann, die Früchte ihrer Arbeit auch zu genießen, und stürzen sich gleich am nächsten Tag in das nächste Projekt, in die nächste Aktion, in ein neues Vorhaben. Aber einfach mal durchatmen und sich über das Geschaffte freuen tut so gut und gibt dir Schub, dann wieder voller Antrieb weiterzumachen.

> **Zum Nachdenken**
> Erstell dir eine Fotowand, ein Fotobuch oder ein privates, nicht sichtbares Fotoalbum auf Social Media. Nicht, um anderen zu zeigen, was du gemacht hast, sondern damit du die schönen Erlebnisse nicht vergisst. Mich fasziniert es, wenn Opas und Omas aus ihrem Leben voller Höhen und Tiefen erzählen und wenn dann allein die Erinnerung bei ihnen echte Lebensfreude auslösen kann, die immer noch nachwirkt.[30]

Wir können so viel arbeiten, wie wir wollen, aber manchmal kommen wir doch besser voran, wenn wir genau das Gegenteil tun: also weniger arbeiten, uns Zeit für Ruhe nehmen und dazu, das Leben zu genießen. Klingt doch gut, oder?

4.4 TEAM UP – GUTE FREUNDE ROCKEN DEIN LEBEN

TOBI: Was ist schöner, allein am Lagerfeuer sitzen oder mit einem Kumpel? Deinen Umzug als One-Man-Show wuppen oder ihn zusammen mit deiner Clique schnell über die Bühne bringen? Ja, das sind rhetorische Fragen! Natürlich ist alles schöner und einfacher in Gemeinschaft. Das war auch schon in biblischen Zeiten so. Salomo beschreibt auch dieses Prinzip von Gemeinschaft. Alleine sind unsere Möglichkeiten begrenzt. Zusammen können wir Großes erreichen und die Welt verändern.

> Zwei haben es besser als einer allein, denn zusammen können sie mehr erreichen.
> PREDIGER 4,9; HFA

Ich finde es immer wieder faszinierend, wie aktuell die Weisheiten aus der Bibel heute noch sind. Deshalb: **Was auch immer du vorhast, mach es nicht allein.** Das gilt für fast alle Lebensbereiche: Wenn du studierst, lerne viele nette Menschen kennen, damit ihr euch gegenseitig beim Lernen für die Prüfungen unterstützen könnt. Wenn du fertig bist oder neben deiner Ausbildung ein Unternehmen gründen möchtest, ist es empfehlenswert, auch das nicht alleine zu realisieren: Suche dir jemanden, den du für die Idee begeistern kannst. Die meisten der großen Unternehmensgründer haben nicht alleine gestartet. Kennst du Dustin Moskovitz, Chris Hughes und Eduardo Saverin? – Nein? Aber Mark Zuckerberg? Ja, der hat Facebook gegründet! Stimmt, und zwar mit der Hilfe anderer Menschen, wie den drei eben genannten.[31] Verschiedene Menschen bedeuten verschiedene Meinungen, mehr Diskussionen und manchmal längere Wege, bis man eine Entscheidung gefunden hat. Aber auf eigene Faust hätte Zuckerbergs Unternehmen höchstwahrscheinlich nicht diesen gigantischen Impact gehabt. Was das Leben ohne Freunde und soziale Kontakte ist, konnten wir schmerzhaft in der Corona-Krise erleben. Jeder hat gemerkt, wie sehr die Gemeinschaft gefehlt hat und wie schwierig Gefühle der Einsamkeit sind. Aber Freunde sind nicht nur ein emotionaler Halt, sondern: **Gemeinschaft und Freundschaft verändern so gut wie jeden einzelnen Punkt, den wir bisher angesprochen haben.** Werfen wir einen Blick auf die wichtigsten:

BEZIEHUNGEN NEHMEN EINFLUSS AUF ENTSCHEIDUNGEN

CHRIS: Ich bin jemand, der sich Dinge gerne erst einmal allein überlegt. Aber wenn ich dann meine Gedanken mit jemandem teile, kommen wir meistens zu einem noch besseren Ergebnis.[a]

---

[a] »Pläne gelingen durch guten Rat« (Sprüche 20,18a; NLB).

1.) **Suche dir Leute, die in dem Bereich, in dem du etwas erreichen möchtest, schon etwas weiter oder älter sind.**
Als der israelitische König Rehabeam, der Sohn von Salomo, eine wichtige strategische Entscheidung treffen musste, wandte er sich nicht an seine älteren, weisen Berater, sondern an gleichaltrige Freunde. Und was geschah: Ihr Rat führte dazu, dass sich ein Großteil seines eigenen Landes gegen ihn wendete und die Menschen ihn beinahe umbrachten.[32] Ich weiß: »*Hätte, hätte, Fahrradkette.*« Doch in dem Fall wären ältere und reifere Berater wahrscheinlich die bessere Wahl für Rehabeam gewesen.

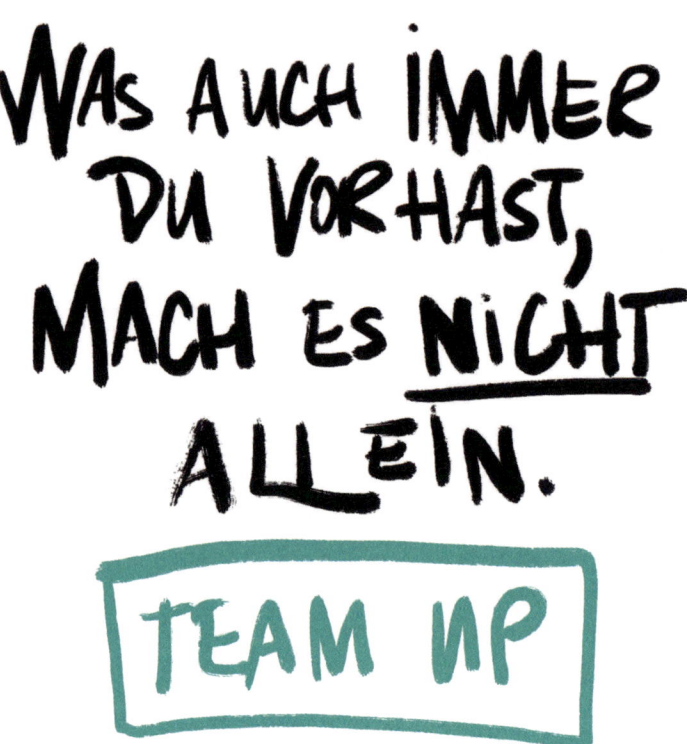

2.) Überlege dir, wer der richtige Ansprechpartner für ein bestimmtes Thema ist.
Du kannst unterschiedliche Personen für unterschiedliche Themen um Rat fragen. Ich habe mich zum Beispiel bei ein paar Beziehungsfragen an den Vater einer sehr coolen fünfköpfigen Familie gewandt. Einen anderen Mann, der von außen gesehen sehr gut mit Finanzen umging, bat ich um Tipps, wie er Budgets macht, also das Geld, das er verdient, aufteilt, damit man langfristig nicht nur aus der Tasche lebt, sondern ein Vermögen aufbauen kann.[33] Wähle weise, mit wem du deine Zeit verbringst. Egal, ob es um ältere Ratgeber oder um Freunde in der Schule oder im Sport geht. Es gibt Personen, die werden dich positiv beeinflussen, und andere werden einen negativen Einfluss auf dich haben, zum Beispiel wenn sie versuchen, dich immer wieder zu Drogenkonsum zu überreden, oder ständig schlecht über andere Menschen reden.

> Wenn du mit vernünftigen Menschen Umgang pflegst, wirst du selbst vernünftig. Wenn du dich mit Dummköpfen einlässt, schadest du dir nur.
> SPRÜCHE 13,20; HFA

3.) Prüfe Ratschläge und triff dann eigene Entscheidungen.
TOBI: Grundsätzlich gilt: Egal ob du dich an einen guten Freund wendest, an deine Großmutter oder an einen Experten aus dem jeweiligen Gebiet: **Wenn Menschen gemeinsam überlegen, kommen sie zu besseren Lösungen!**[34]

> Ohne Ratgeber sind Pläne zum Scheitern verurteilt; aber wo man gemeinsam überlegt, hat man Erfolg.
> SPRÜCHE 15,22; HFA

Wenn du dir Ratgeber für Lebensbereiche suchst, hier ein Tipp von mir: Ich habe für unterschiedliche Bereiche Menschen definiert, die in mein Leben hineinsprechen dürfen.

Wenn ich also Entscheidungen in Beziehungsfragen treffen muss, dann frage ich die Person, der ich schon vor meiner Herausforderung in Fragen zum Thema Ehe und Familie vertraut habe. Es ist eine Person, die zum Beispiel eine Ehe nach Werten lebt, wie ich sie auch leben möchte. Als Außenstehende können dir solche Menschen, zu denen du auch längerfristig Vertrauen aufbaust, bei Entscheidungen eine neutrale Sichtweise geben und dich in Zeiten des Zweifelns an die Gründe für deine Wahl erinnern. Sie können dir helfen, deine Begabungen zu entdecken, und dir Mut machen, dir selbst mehr zuzutrauen. Sie können aber auch Entscheidungen kritisch hinterfragen.[a]

> **Zum Nachdenken**
> Gibt es jemanden, von dem du dir eine Meinung zu einem bestimmten Thema einholen möchtest?

BEZIEHUNGEN FORMEN DEIN HERZ

CHRIS: Wenn du in gute Beziehungen investierst und dadurch anderen Menschen einen Einblick in dein Leben gibst, können sie durch konstruktives Feedback wie Schleifsteine für dein Herz sein. Natürlich weiß auch Salomo dazu etwas zu sagen:

---

[a] Im Jahr 860 v. Chr. überlegten zwei Könige namens Joschafat und Ahab, ob sie in den Krieg gegen eine Stadt im heutigen Jordanien ziehen sollten. Sie fragten 400 Leute, die alle einfach nur das sagten, was sie hören wollten. Joschafat merkte das allerdings und ließ einen neutralen Ratgeber bringen. Sie holten Micha, der ihnen vom Krieg abriet. Er hatte recht. König Ahab hörte nicht auf ihn und starb im Krieg (nachzulesen in 1. Könige 22).

Eisen schärft Eisen, ebenso schärft ein Mensch einen anderen«.

SPRÜCHE 27,17; NLB

TOBI: Kennst du diese krassen Funken, die sprühen, wenn du mit einem Schleifstab aus Wetzstahl ein Messer bearbeitest? Ja? Dann weißt du, dass dafür viel Kraft und Druck notwendig sind. Aber nach dem heftigen Schliff wird das Messer dafür exzellent funktionieren. Ähnlich ist das beim Geschärftwerden durch andere Menschen. Vor allem durch deren Feedback an dich in den Themen, die dich aktuell brandheiß beschäftigen. Manchmal kann der Rat anderer unangenehm sein und tut vielleicht sogar weh. Es können Funken fliegen wie beim Schleifstein. Gleichzeitig brauchen wir dieses Geschliffenwerden, damit wir zu wunderschönen Persönlichkeiten reifen. Wenn ich weiß, dass mein Gegenüber es gut mit mir meint, mich fördern und weiterbringen will, dann sollte ich sein Feedback wertschätzen.

CHRIS: Bei meiner ersten Predigt im ICF war ich natürlich demensprechend aufgeregt. Nach dem 10-Uhr-Gottesdienst kamen einige Freunde und erzählten mir, wie gut sie es fanden. Nur mein Mitbewohner kam zu mir und meinte: »*Chris, danke für die starke Predigt, super Gedanken. Noch ein Tipp: Trink bei der nächsten Predigt um 12 Uhr mehr Wasser, dann hast du nicht so einen trockenen Mund und schmatzt beim Reden nicht.*« Zuerst war ich kurz überrascht über seine Ehrlichkeit, dann aber sehr dankbar. Dank seinem konstruktiven Feedback konnte ich es gleich bei den nächsten drei Predigten am selben Tag ausprobieren. Ich kann sagen: **Jede gute Freundschaft, in der wir eine schöne, liebevolle, aber konstruktive Feedbackkultur[35] leben, hat mich in meinem Leben immer weitergebracht.**[b]

---

[b] Wenn du selbst jemandem Feedback gibst, prüfe vorher dein Motiv. Willst du der Person wirklich helfen? Wie würdest du dich über das Feedback freuen? Und achte auf deine Wortwahl (Ichbotschaft anstatt Dubotschaft). Will die Person das Feedback überhaupt hören? Ist sie offen dafür? Was kannst du ihr Positives mitgeben? Hast du einen Potenzialpunkt, der ihr helfen kann weiterzukommen?

> Ein Freund meint es gut, selbst wenn er dich verletzt; ein Feind aber schmeichelt dir mit übertrieben vielen Küssen.
> SPRÜCHE 27,6; HFA

TOBI: Suche dir eine Group, gute Freunde und Ratgeber. Wenn du isoliert und allein lebst, werden deine Ecken und Kanten mit niemandem in Berührung kommen. Hast du aber Menschen, denen du erlaubt hast, in dein Leben zu sprechen, dann werdet ihr euch nach und nach schleifen.

HINDERNISSE –
AM BESTEN GEMEINSAM AUS DEM WEG RÄUMEN!

TOBI: Als Lehrer musste ich manchmal in Poesiealben meiner Schülerinnen schreiben. Das war kein Highlight in meiner Schulkarriere, aber der freundliche Herr Teichen hat natürlich etwas in die Büchlein geklebt und dabei ehrlich gesagt manchmal tatsächlich Sprüche entdeckt, an denen was dran ist. Wie den hier: »*Würde das Leben aus Keksen bestehen, dann wären die Freunde die Kekse mit Schokostücken!*«

Es wird unterschiedliche Zeitabschnitte in deinem Leben geben. Gute und nicht so gute. Mit Freunden ist es leichter, durch schwere Zeiten zu gehen, da sie dir den Rücken stärken, dich trösten (mit Worten oder Schokokeksen) und aufbauen.[a] Egal, ob es sich um kleine oder richtig große Sorgen und Probleme handelt. Ein Freund unterstützt dich dabei, große Steine aus dem Weg zu räumen, und hilft dir, wieder aufzustehen, wenn du eine Niederlage oder einen Schicksalsschlag einstecken musstest.

Als mein Sohn als Baby im Krankenhaus war, ging es meiner Frau und mir nicht besonders gut. Doch unsere Freunde waren für uns da: Sie bauten uns durch Gespräche auf, brachten uns Essen ins Krankenhaus und unterstützten uns, wo sie nur konnten. Wir mussten uns um die Alltagsdinge keine Gedanken machen, da sie uns alles abgenommen haben. Das hat einfach so gutgetan und uns geholfen, durch diese schwierige Zeit zu gehen. Gute Freunde können so eine große Stütze sein! Du kannst sie in der Nacht anrufen, wenn es dir nicht gut geht, und sie sind dann für dich da:

> Stürzt einer von ihnen, dann hilft der andere ihm wieder auf die Beine. Doch wie schlecht steht es um den, der alleine ist, wenn er hinfällt! Niemand ist da, der ihm wieder aufhilft!
> PREDIGER 4,9-10; HFA

---

[a] »Ein guter Freund steht immer zu dir; ein Bruder ist in Zeiten der Not für dich da« (Sprüche 17,17; HFA).

FREUNDE GEBEN DEINEM ANTRIEB SCHUB

CHRIS: Was du bisher gelesen hast, zeigt: Freunde tun einfach gut. Sie sind eine Allzweckwaffe in deinem Leben. Auch beim Thema Antrieb. Mit einem Freund an deiner Seite ist man meist motivierter, um für eine Prüfung zu lernen oder zu trainieren. Ein Freund kann dich anspornen, Deadlines einzuhalten, sich mit dir morgens um 8 Uhr in der Bibliothek zum Arbeiten zu verabreden, und selbst eine kurze Nachricht von ihm kann bereits ausreichen, neue Motivation zu bekommen. Heute im Berufsalltag habe ich gemerkt: Wenn Arbeitskollegen eines Tages zu Freunden werden, kann selbst die langweiligste Arbeit Spaß machen. Auch ein Grund, weshalb ich gerne jeden Tag ins Office gehe.

TOBI: Auch der Teufel kennt das Thema Freundschaft. Er mag das gar nicht, wenn man gute Freunde hat. Das kann man daran erkennen, dass eine Strategie von ihm ist, uns von anderen Menschen zu isolieren. Wie ein Löwe beim Beutefang versucht er, ein Tier (dich) von einer Herde (deinen Freunden) zu trennen. Er weiß, dass er keine Chance hat, dich zu erwischen, wenn die Herde dich schützt und dich gegen den Angreifer verteidigt. Auch wenn man in unserer Gesellschaft immer mehr beobachten kann, dass wir teilweise egozentrischer leben, oft nur noch halbherzige Beziehungen über Social Media pflegen und uns in erster Linie auf uns selbst fokussieren: Gott hat uns nicht als unabhängige Einzelkämpfer geschaffen, sondern als Gemeinschaft.[a] Aus diesem Grund sind wir auch gemeinsam am wirkungsvollsten.

---

[a] »Gott, der Herr, sagte: Es ist nicht gut, dass der Mensch allein ist. Ich will ihm jemanden zur Seite stellen, der zu ihm passt!« (1. Mose 2,18; HFA). Laut Bibel war auch Gott von Anfang an eine Gemeinschaft (Vater, Sohn und Heiliger Geist, siehe dazu Johannes 1,1-2 und 1. Mose 1,2). Mit der Schöpfung des Menschen erweitert Gott diese Gemeinschaft. Der Mensch ist Teil dieser Gemeinschaft und er braucht sie (siehe dazu Johannes 17,1-23 und 2. Mose 2,18).

Ich hoffe, dass du, egal was du machst, dabei nicht alleine bist. **Ich hoffe, dass du dir neben all deinen Aktivitäten aktiv die Zeit nimmst, in Freundschaften zu investieren, in Familie und in deine Nächsten.** Positive Beziehungen helfen dir dabei, gute Entscheidungen zu treffen, sie formen dein Herz und sie stärken deinen Antrieb! Und du hast die Möglichkeit, denselben positiven Einfluss auf andere zu haben.

> **Zum Nachdenken**
>
> Gibt es Personen in deinem Umfeld, für die du so ein Freund, so eine Freundin sein könntest? Personen, denen du bei Entscheidungen helfen kannst, beim Entschlossensein, beim Bewältigen von Hindernissen, in schweren Zeiten, bei Rückschlägen oder um sie bei ihrer Arbeit zu motivieren? Super! **Dann fange damit an, dieser Freund oder diese Freundin für andere zu sein.**

WO MAN GEMEINSAM ÜBERLEGT, HAT MAN ERFOLG.

ZIEL ERREICHT! UND DOCH REICHT'S NICHT?

05

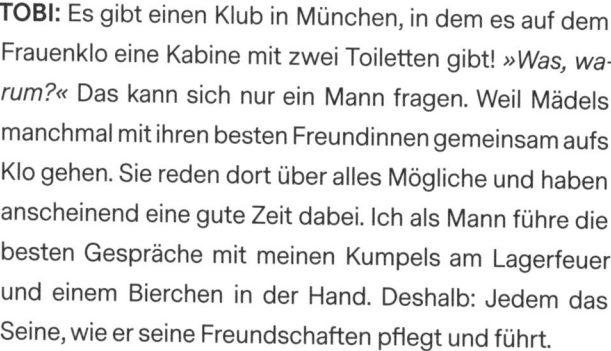

TOBI: Es gibt einen Klub in München, in dem es auf dem Frauenklo eine Kabine mit zwei Toiletten gibt! »*Was, warum?*« Das kann sich nur ein Mann fragen. Weil Mädels manchmal mit ihren besten Freundinnen gemeinsam aufs Klo gehen. Sie reden dort über alles Mögliche und haben anscheinend eine gute Zeit dabei. Ich als Mann führe die besten Gespräche mit meinen Kumpels am Lagerfeuer und einem Bierchen in der Hand. Deshalb: Jedem das Seine, wie er seine Freundschaften pflegt und führt.

In diesem Kapitel zeige ich dir eine Beziehung, die alles noch mal auf ein neues Level setzt, worüber wir bisher geschrieben haben: die Beziehung zu Gott! (Die kannst du übrigens auch an allen Orten leben und führen.)

Wenn du Christ bist, könnte es jetzt interessant werden zu sehen, welches Potenzial eigentlich in deinem Glauben steckt. Wenn du mit Jesus Christus noch nicht so viel anfangen kannst, dann rolle an dieser Stelle bitte nicht mit den Augen oder leg das Buch zur Seite! Es wird sehr spannend werden, einen Einblick zu bekommen, was Christen eigentlich denken. Warum das, was Jesus damals am Kreuz getan hat, noch heute große Auswirkungen auch auf das Thema *Ziele erreichen* hat. Wir werden dabei nichts von dem, was wir bisher gesagt haben, revidieren, sondern gehen zusammen mit Gott tiefer. Es lohnt sich, versprochen!

Wir haben bereits viel darüber geschrieben, wie wichtig es ist, nicht nur egoistisch an uns selbst zu denken, sondern unser Leben und unsere Begabungen dafür einzusetzen, ein Licht für diese Welt zu sein. Doch dabei gibt es eine Herausforderung, wie wir dir an der Fortzsetzung der New-York-Geschichte von Chris zeigen möchten:

5.1 »GOTT! DEIN ERNST?«

CHRIS: Ich hatte ja mehr als ein Jahr lang immer wieder Zeit für Bewerbungen investiert, bis ich endlich die Zusage für mein Auslandssemester erhalten habe. Kaum lag der Brief in meinem Briefkasten, begann ich, meine Ziele für diese Zeit im Detail vorzubereiten – und das mit Vollgas: Ich hatte mir etliche Referenzschreiben besorgt, alle möglichen Infos im Internet recherchiert und Kontakte zu Bekannten rausgesucht. Auf meiner großen Ziele-Pappwand hatte ich mit gelben Post-its alle guten Ideen für New York aufgeschrieben und darunter in Grün, wie ich sie umsetzen wollte. Sie sah aus wie ein großes gelb-grünes Mosaik. Hier ein kleiner Ausschnitt:

- Praktikum bei dem großen Umwelttechnikunternehmen
- Stelle bei einer Firma für meine Bachelorarbeit finden (für die Zeit nach dem Semester)
- Nebenjob als Coach bei einem großen Sportverein in Manhatten
- Bewerbung als Mitarbeiter bei einer berühmten Kirche
- Gründung eines eigenen Start-ups durch das Entrepreneurship-Programm der New York University
- …

Das war eine Menge Holz! Doch ich lebte nach dem Motto: »*If I can make it here, I can make it anywhere!*« Dieses Lied *Empire State of Mind* von Jay-Z lief in meinem Zimmer in Dauerschleife. Ich gab mein Bestes und war mir sicher, nur die besten Motive mit im Gepäck zu haben. Allein auf dem Weg vom Flughafen in München zum Apartment in New York hatte ich bereits eine Handvoll Menschen angequatscht und kennengelernt. Innerhalb der ersten drei bis vier Wochen wurden es dank Welcome Week der Uni über 120 neue Kontakte in meiner Facebook-Freundesliste. Ich fühlte mich auf einem guten Weg!

Vor Ort suchte ich nach einer Kirche und ging dort in die Studentengruppe. Nach einigen Wochen traf ich eine Entscheidung, die mein Leben noch mal veränderte: **Ich entschied mich,** *all in* **mit Gott zu gehen.** Ich hatte bereits in den Jahren zuvor in unterschiedlichsten Bereichen erlebt, dass Gottes Ideen einfach besser waren als meine, auch wenn ich mich oft zunächst gewehrt hatte. Ich wusste: Wenn ich das maximale Potenzial in meinem Leben möglich machen möchte, muss ich versuchen, so gut es geht, auf ihn zu hören. Er weiß genau, was mich wirklich glücklich macht, er weiß, was mich wirklich erfüllt, er weiß, was auf die Ewigkeit hin gesehen wirklich wichtig ist. Ganz praktisch bedeutete meine neue Entscheidung für Gott Folgendes: Ich wollte jeden Eindruck ernst nehmen und umsetzen, bei dem ich der Meinung war, dass er von Gott war[a], und ich den Gedanken sorgsam geprüft hatte.

Zwei bis drei Wochen später hatte ich dann tatsächlich so einen Blitzgedanken, der, obwohl ich ihn geprüft hatte,[36] nicht mehr wegging: »*Gib alle deine Ziele hier in New York auf!*« Und ich so: »*Dein Ernst, Gott?*« Ich war entsetzt! Das war jetzt ein Problem für mich und meinen Persönlichkeitstyp! Ein sehr großes sogar.

---

[a] Genauer gesagt: vom Heiligen Geist. Wie der Dialog mit ihm funktioniert, kannst du nachlesen in Tobis Buch »Move. Entdecke das Leben«, oder frage Menschen, die schon erfahrener im Gebet sind.

DOCH NOCH NICHT GENUG

Ziele zu erreichen und erfolgreich zu sein war für mich zu diesem Zeitpunkt eine sehr wichtige Sache. Dementsprechend schmerzhaft fühlte sich allein schon der Gedanke daran an, alle meine Ziele für meine New-York-Zeit aufzugeben. Ich wusste, dass Gott mich nicht zwingen würde, seinem Vorschlag zu folgen. Er lässt mir freie Wahl und liebt mich weiterhin, auch wenn ich nicht auf ihn höre. Aber gleichzeitig war mir aus früheren Erfahrungen bewusst, dass er bei diesem Rat wahrscheinlich eine gute Absicht hatte. Ich konnte in dem Moment nur nicht nachvollziehen, warum dieser Schritt für mich sinnvoll sein sollte.

Als ich mich in den folgenden Tagen beobachtete, merkte ich, wie sehr ich mich an meinen Erfolg klammerte. Langsam realisierte ich, welchen ungesunden Stellenwert das Erreichen von Zielen in meinem Leben inzwischen bekommen hatte. Ich bekam eine kleine Vorahnung davon, was Gottes Plan hinter seiner verrückten Idee sein könnte: »**Ich könnte lernen, auch ohne Erfolg und Anerkennung zufrieden und glücklich zu sein.**«

Circa vier Wochen nach meiner Ankunft in New York willigte ich dann in den »Gedanken« ein und gab alle meine Pläne auf. Daraufhin begann eine sehr herausfordernde Zeit. Ich musste meiner Familie erklären, warum ich noch nicht mal versuchte, meine Ziele zu erreichen, und Posts in meiner Facebook-Timeline über Erfolge in New York City blieben aus.

Nach einigen Wochen hatte ich erneut einen sehr herausfordernden Gedanken, als ich betete: »*Wie wäre es für dich, wenn du in deinem ganzen Leben nie wieder etwas erreichen würdest?*« Ein halbes Jahr lang meine aktuellen Ziele aufzugeben, war eine Sache. Aber den Rest meines Lebens nie wieder etwas Bedeutendes zu machen? Mein ganzes Leben nichts anderes zu tun, als ein bisschen zu arbeiten, nett zu meinen Mitmenschen zu sein, aber ansonsten nichts Einflussreiches mehr zu tun?

> **Zum Nachdenken**
> Wie wäre das für dich, wenn du in deinem ganzen Leben nie wieder etwas erreichen würdest?

Keine Ahnung, wie du damit umgehen würdest, aber diese Vorstellung machte mich fertig. Je mehr ich mich damit beschäftigte, desto mehr begann ich, mein Problem zu verstehen: Warum war es so schwer für mich, meine Ziele aufzugeben? Langsam kam ich auch zu meinen echten Herzensmotiven: In erster Linie fiel mir das so schwer, weil ich mich dadurch definierte. **Erfolgreich sein war das, womit ich versuchte, meinem Leben Sinn und Bedeutung zu geben, und worauf ich meine Identität gebaut hatte.** Durch das Aufgeben der Ziele brach genau das weg, was mir im Leben wichtig war: erfolgreich zu sein, Anerkennung zu bekommen und mit meinem Leben einen Unterschied zu machen.

KANN ICH OHNE ERFOLG UND ANERKENNUNG ZUFRIEDEN UND GLÜCKLICH SEIN?

EIN HUNGRIGES HERZ

TOBI: Vielleicht denkst du gerade: *»Na ja, so schwer wäre mir dieser Schritt nicht gefallen. Erfolg oder gute Taten definieren mich nicht.«* Aber es wird auch etwas geben, was dir richtig wichtig ist. Ich behaupte: Jeder Mensch hat irgendetwas, wodurch er sich definiert. Jeder sehnt sich zumindest unterbewusst nach dem Gefühl, wichtig zu sein, nach Bedeutung, danach, dass sein Leben zählt. Chris versuchte das in erster Linie durch beruflichen Erfolg herzustellen. Eine andere Person hingegen möchte das durch ihr Aussehen erreichen, indem sie viel Zeit und Geld in Shoppen, Fitness und Kosmetik investiert. Ein junger Mann probiert diese Bedeutung vielleicht durch sein Auto, seine Uhr und sein Handy zu bekommen (also durch materiellen Besitz[a]), eine junge Frau villeicht durch viele Likes und Kommentare auf ihrem Social-Media-Profil und wieder ein anderer junger Mann durch den Erfolg bei Computerspielen. Es ist meistens das, was uns sehr wichtig ist, in das wir sehr viel Zeit investieren, worüber wir sehr oft nachdenken und was wir fürchten zu verlieren.

> **Zum Nachdenken**
> Nimm dir einen Augenblick: Was könnte es bei dir sein?

Auch ich hatte oft bei verschiedenen Ideen oder Zielen die Vorstellung: *»Wenn ich das erreicht habe, dann habe ich es geschafft!«* Diesen einen Job bekommen, so viele Mitarbeiter in unserer Kirche, das eine Auto

---

[a] Laut Bibel sind nicht die guten Dinge ein Problem, sondern dass wir aus guten Sachen etwas Ultimatives gemacht haben, einen falschen »Gott«. Beispiel Reichtum: »Also trennt euch ganz entschieden von einem Lebensstil, wie er für diese Welt kennzeichnend ist …, aber auch von der Habgier, die den Besitz für das Wichtigste hält und ihn zu ihrem Gott macht!« (Kolosser 3,5; HFA).

kaufen können, eine Partnerin haben – dann ist mein Leben bedeutend. Dann werde ich glücklich sein. Dann hat mein Leben einen Sinn.

Die Wahrheit ist: Es gibt nichts, was diese Sehnsucht langfristig befriedigen wird. Das siehst du bei den erfolgreichsten Menschen unserer Zeit: Cristiano Ronaldo sagte in einem Interview nach der Auszeichnung als bester Fußballer der Welt (als erster Mensch zum vierten Mal in Folge): »*Ich werde alles geben, um noch weitere Titel zu gewinnen.*«[37] **Was auch immer du denkst, was dich vollkommen erfüllen würde, es wird nicht reichen.**

CHRIS: Ich hörte mir Predigten zu dem Thema an, las in der Bibel und redete mit vielen Freunden darüber. Nach zahlreichen Gesprächen und endloser Recherche verstand ich den wahrscheinlich wichtigsten Gedanken auf dieser Reise: »*Du bist so, wie du bist, unglaublich wichtig, dein Leben ist sinnvoll und bedeutend, auch wenn du den Rest deines Lebens kein einziges Ziel erreichen wirst.*«

Vielleicht hast du das schon mal gehört. Es ist wahr. Aber warum ist das so? Warum sollte mein Leben, warum sollte ich, so wie ich bin, bedeutend sein? Selbst wenn ich nichts erreiche? Wir müssen den Grund dafür verstehen, sonst könnte es sein, dass diese Aussage nichts weiter bleibt als eine Floskel. Sie wird dann genau wie ein Placebo nicht langfristig die Kraft haben, dein und mein Leben zu verändern. Hier sind die beiden Gründe: Erstens, du bist ein Unikat, und zweitens, es gibt ein unverdientes Geschenk für dich.

Erst einmal erkannte ich, dass Gott existiert und er mich erschaffen hat (sei es durch Evolution, Urknall oder wie auch immer). Das heißt, ich bin nicht zufällig hier. Das gilt auch für dich: Du bist nicht zufällig hier. Du bist kein Unfall. Gott hat dich gemacht wie ein Künstler sein Kunstwerk.[38] Du bist einzigartig. Der um 1000 v. Chr. in Israel regierende König David – und Vater von Salomo – beschrieb es in einem seiner Lieder so:

> Herr, ich danke dir dafür, dass du mich so wunderbar und einzigartig gemacht hast! Großartig ist alles, was du geschaffen hast – das erkenne ich! Schon als ich im Verborgenen Gestalt annahm, unsichtbar noch, kunstvoll gebildet im Leib meiner Mutter, da war ich dir dennoch nicht verborgen.
> PSALM 139,14-15; HFA

DU BIST EINZIGARTIG UND WUNDERBAR GEMACHT.

Das gilt auch für dich. Gott hat uns als wunderbare Menschen erschaffen. Das gilt für jemanden, der an Gott glaubt, genauso wie für jemanden, der sich als Atheist bezeichnet.

5.2 EIN UNVERDIENTES GESCHENK

TOBI: Für manche klingt das Wort *Bibel* nach einem verstaubten alten Schinken. Ich hingegen glaube, dass dieses Buch die Antworten zu den fundamentalen Fragen des Lebens enthält. Ich nehme dich mal ganz konkret mit rein in eine Geschichte, die uns verrät, wie wir aus dem Hamsterrad herauskommen, ständig durch Erfolge, Leistung oder Anerkennung versuchen zu müssen, unserem Leben Bedeutung zu geben.

In einem Buch der Bibel namens Hesekiel gibt Gott den Menschen in Israel ein Gleichnis.[39] Er vergleicht sie mit einem Baby, das zunächst völlig alleingelassen, schmutzig und unbedeutend ist und das niemand haben möchte. Aber Gott kümmert sich um das Kind und es wächst zu einer wunderschönen Frau heran.[a] Es wird dabei auf ein wichtiges Detail hingewiesen: Gott beschreibt diese Frau als schön, aber gleichzeitig ist sie noch unbekleidet, schutzlos und verwundbar. Er schließt daraufhin mit ihr einen sogenannten Bund (wie in einer Ehe) und verspricht ihr die Treue. Er bekleidet sie, als Zeichen dafür, dass sie zu ihm gehört, und stattet sie mit Schmuck, Seide und einer Krone aus. Er kümmert sich um sie, gibt ihr feinstes Essen und schenkt ihr ein Leben im Überfluss. Sie darf mit ihm eine Beziehung eingehen, in der sie erlebt, dass ihr Leben bedeutend ist, sie geliebt wird und geborgen ist. Bis hierhin läuft es fast wie in einem romantischen Hollywoodfilm. Doch in unserer biblischen Story kommt jetzt ein dramatischer Wendepunkt:

---

[a] »Du blühtest auf und wurdest zu einer schönen Frau voller Anmut. Deine Brüste rundeten sich, dein Haar wurde voll und schön. Aber immer noch warst du völlig nackt« (Hesekiel 16,7; HFA).

Auf einmal zeigt die Frau, die als Bild für Gottes erwähltes Volk steht, ein anderes Gesicht: Sie wird überheblich und beginnt, sich auf ihre Schönheit und ihren Schmuck etwas einzubilden. Sie vergisst dabei, dass alles, was sie ist und was sie hat, ein Geschenk von Gott war. Sie denkt, sie braucht Gott nicht, und missbraucht alle ihre von Gott geschenkten Gaben für kurzfristigen Spaß. In dieser Metapher bricht sie die Ehe mit Gott und schläft mit vielen anderen Männern. Das heißt, sie geht mit ihnen oberflächliche Verbindungen ein. Doch egal, mit wie vielen Männern sie schläft, ihr Verlangen wird durch nichts gesättigt. Sie macht weiter und geht wieder fremd.

WOFÜR BRAUCHE ICH GOTT?

Diese Story ist immer noch brandaktuell, denn man kann sie in unsere Lebenswirklichkeit übertragen: Eigentlich sollte Gott unsere größte Liebe im Leben sein. *Unsere Number 1!* Das Must-have in unserem Herzen, nach dem wir alles ausrichten. Anstatt unseren Wert und unsere Bedeutung aus der Beziehung mit ihm zu bekommen, versuchen wir es aber mit allen möglichen anderen Dingen. Alles sollte sich um ihn drehen, aber wir drehen uns lieber um andere Dinge: unsere Karriere, unser Geld oder unser Social-Media-Profil. Wenn sich die Frau aus der Bibel anderen Männern an den Hals wirft, bedeutet das, dass für sie plötzlich etwas anderes als ihr Schöpfer und treuer Versorger das Wichtigste im Leben wird.

> **Zum Nachdenken**
> Welche Prio hat Gott in deinem Leben?

Die erste Reaktion von Gott: Er ist wütend über ihr Verhalten. Aber er befiehlt ihr nicht, bei ihm zu bleiben, sondern gibt ihr die Freiheit, die sie möchte. Er lässt sie den Weg gehen, für den sie sich entschieden hat, auch wenn sie sich selbst dadurch schadet. Da sie sich von Gott abwendet, verliert sie die Beziehung zu ihm und damit auch die Geborgenheit, Sicherheit und tiefe Nähe seiner Liebe.[a] Es ist schlussendlich ihre eigene Entscheidung.

---

[a] Die Stelle ist typisch für das »Gericht Gottes«, das in der Bibel beschrieben wird. Gottes Gericht ist sehr fair, er gibt uns das, was wir wollen. Was uns jedoch nicht immer bewusst ist, wenn wir ohne Gott leben wollen: Es gibt für uns Menschen nichts Schlimmeres, als von Gott entfernt zu sein. Das Wort »Hölle« wird in der Bibel als »ewige Trennung von Gott« definiert (2. Thessalonicher 1,9; NGÜ).

CHRIS: An meinem New-York-Erlebnis kann man sehen, dass wir heute noch täglich das leben, was der Frau in diesem Gleichnis passierte: Wir fragen uns: »*Wofür brauche ich Gott? Ich kann doch selbst dafür sorgen, dass mein Leben durch Karriere, Erfolge, gute Taten oder bestimmte Dinge Bedeutung bekommt!*« Wir sind davon überzeugt, dass wir diese Beziehung zu Gott nicht benötigen, entscheiden uns gegen ihn und seine Ratschläge und folgen stattdessen unseren eigenen Begierden. Doch egal, was wir an seiner Stelle benutzen und wie sehr wir versuchen, mit unserem Leben einen Unterschied zu machen – nichts scheint auszureichen, um diesen angeborenen Durst nach Bedeutung, nach Geborgenheit, Sicherheit oder Liebe in uns langfristig zu stillen. Wir sehen das auch bei Stars wie Ronaldo, der doch scheinbar alles hat. Wir bleiben Suchende. Das passiert, wenn wir etwas anderes an die Stelle setzen, die eigentlich für Gott gemacht ist.

TOBI: Weiter geht's im großen biblischen Movie! Wir nähern uns jetzt dem Ende der Story: Wie geht's jetzt aus? Schon gespannt? Die Geschichte endet damit, dass Gott zunächst sagt, dass er enttäuscht und wütend ist und dass die Frau für ihre Untreue eine gerechte Strafe erwartet: Sie muss Gott verlassen (Hesekiel 16,39) und Gottes Zorn wird sie treffen. Ganz schön hart, klingt auf jeden Fall nicht nach einem Happy End. Und jetzt? Pech gehabt? Nein! Plötzlich dreht sich die Geschichte. Wir lesen weiter, dass Gott ihr alles vergeben wird. Er kündigt einen neuen (Ehe-)Bund an, durch den wieder eine vollständige Liebesbeziehung, unbelastet von ihren früheren Vergehen, möglich sein wird. Nur eine Frage bleibt offen: Wer wird die Strafe, die sie eigentlich treffen sollte, übernehmen? Wer wird den Preis für unsere Fehler – und in dem konkreten Fall –, dafür, dass wir Gott ignorieren, zahlen?

JESUS – EIN UNGEPLANTER WENDEPUNKT

TOBI: Zu Recht könnte man sich an dieser Stelle fragen: *»Kann er ihr nicht einfach so vergeben?«* Wenn ich jemandem vergebe, bedeutet das immer, dass ich dann selbst den Preis für den Fehler von jemand anderem zahle. Beispiel: Wenn jemand in mein Auto fährt und ich ihm alles vergebe, ohne dass er den Preis für den Schaden zahlen muss, heißt das, dass ich selbst die Kosten für die Reparatur übernehme. Irgendjemand muss es bezahlen, sonst bleibt der Schaden.

Circa 600 Jahre nachdem Gott den Menschen dieses Gleichnis und Dutzende weitere ähnliche Gleichnisse erzählt hat, kommt Jesus auf die Erde. Er sagt, dass er Gottes Sohn ist,[40] der stellvertretend die Kosten für alle enstandenen Schäden von uns Menschen auf sich nehmen wird.[41] So können wir eine Beziehung mit Gott haben, unabhängig von unseren Fehlern. Er sei derjenige, durch dessen Tod der von Gott angekündigte *Neue Bund* (also eine neue Beziehung) geschlossen wird.[42] Durch ihn dürfen wir wieder zurück in dieses krasse Leben gehen, das die Frau aus der Bibel hatte, bevor sie Gott verlassen hatte.

> So freuen wir uns nun darüber, dass wir wieder eine Beziehung zu Gott haben – weil Jesus Christus, unser Herr, uns mit Gott versöhnt hat.
> RÖMER 5,11; NLB[43]

Wie stehst du eigentlich zu Jesus? Hast du Berührungsängste mit dem Namen? Hatte ich auch, bis ich neunzehn Jahre alt war. Da war Jesus für mich eher der Gutmensch und Sandalentreter, so wie im folgenden Songtext:

Jesus war ein guter Mann, der hatte einen Umhang an.
Jesus war ein flotter Typ, den hatten alle Leute lieb.
Jesus hatte langes Haar und braune Augen - –underbar.
Jesus hatte Latschen an wie kein anderer Mann.
Jesus, Jesus,
du warst echt okay.
Jesus, Jesus,
everytime fair play![44]

Ja, so sahen auch meine Klischees zu Gottes Sohn aus, bis ich mich eines Tages auf die Suche machte und bemerkte: Ich hatte durch meine Kirchenvergangenheit ein vollkommen falsches Bild von Jesus. Obwohl Jesus gerade mal etwas mehr als dreißig Jahre alt wurde, wird er der einflussreichste Mensch der Weltgeschichte. Unsere Zeitzählung richtet sich nach seiner Geburt und er ist die zentrale Figur in dem am weitesten verbreiteten Buch sowie das Thema Millionen weiterer Bücher. Allein das ist schon abgefahren! Aber je mehr ich mich mit seinen Aussagen und Lehren beschäftigte, desto mehr beeindruckte mich, wie weise er ist und wie bescheiden sein Herz! Seine Message ist bis heute zeitlos und hat bisher in jedem Zeitalter und in jeder Kultur Menschen in Faszination versetzt – die einfachsten Leute bis hin zu einigen der größten Denker und führenden Wissenschaftler.[45] Er war Inspiration für berühmte Meisterwerke in Kunst und Musik und hat bis heute das Leben von Milliarden von Menschen verändert. Egal, wie gerade dein Bild von Jesus ist und was auch immer deine aktuelle Meinung über ihn ist: **Schon allein wegen der enormen Auswirkungen von seinem Wirken und Dasein empfehle ich dir, dich wenigstens einmal im Leben damit zu beschäftigen, was er gesagt und getan hat.**

TIEFE ERFÜLLUNG

CHRIS: Ich selbst bin zwar christlich aufgewachsen, ging aber irgendwann so gut wie gar nicht mehr in die Kirche. Dadurch hatte ich auch immer weniger mit Jesus zu tun. Erst während meines Studiums begann ich, mich wieder mehr mit dem Glauben auseinanderzusetzen, und besuchte regelmäßig Gottesdienste. In den Städten, in denen ich studiert habe, gab es moderne Kirchen, durch die ich immer besser verstehen lernte, worum es dabei eigentlich geht. Die Leute dort konnten mir in einer sehr einfachen und verständlichen Sprache erklären, was das alles in der Bibel bedeutet und was es mit meinem Leben heute zu tun hat. Als ich nach all den Jahren zum ersten Mal verstand, dass Beten kein Monolog ist und ich auch mal »zuhören« sollte, war das der Startschuss für meine Beziehung mit Gott und Jesus.

Diese Beziehung ist der Grund, warum ich heute erlebe, dass meine Existenz auf dieser Erde bereits grenzenlos bedeutend ist, auch wenn ich nicht eine einzige Sache erreichen würde. Ich könnte mir heute nicht mehr vorstellen, ohne diese Nähe zu Gott zu leben. Es gibt mittlerweile unzählige große und kleine Situationen, in denen ich erlebt habe, wie Gott – dieses übernatürliche Wesen, der Schöpfer der ganzen Welt, von Himmel und Erde – mich (und auch dich) als ein Vater liebt, sich sorgt, kümmert und immer das Beste für mich (und auch dich) will. Diese Gewissheit, die ich durch solche Momente bekam, stillte langfristig meinen Durst nach Bedeutung. Gott ist der Einzige, der dieses Loch, das wir versuchen durch Anerkennung, Erfolg, Geld oder Erotik zu stopfen, füllen kann. Er kann das bewirken, dass wir nie wieder Hunger und Durst nach Bedeutung haben:

> Jesus antwortete: Ich bin das Brot des Lebens. Wer zu mir kommt, wird nie mehr hungrig sein, und wer an mich glaubt, wird nie mehr Durst haben.
> JOHANNES 6,35; NGÜ[a]

ALLES AUF ANFANG

CHRIS: Als ich aus New York zurückkam, machte ich kaum etwas anders, es waren immer noch ähnliche Interessen da. Der entscheidende Punkt aber war: Ich wusste jetzt, dass ich nichts mehr erreichen musste.

Aus dieser neuen Leichtigkeit heraus konnte ich wieder anfangen, Schritte nach vorne zu gehen. Mit diesem festen Fundament, mit dieser Freiheit als Ausgangssituation, konnte ich beginnen, meine Begabungen einzusetzen, ohne dabei die Welt nur deswegen verändern zu wollen, weil ich eben einen Unterschied machen wollte. Ich konnte jetzt meine Gaben so benutzen, wie sie gedacht waren, für das, was sie eigentlich sind – nämlich Gott zu ehren, meinen Nächsten zu lieben und, genau wie Gott als Schöpfer, diese Erde zu gestalten und zu bewahren. Ich gebrauchte sie nicht mehr dafür, mir selbst und meinem Leben Bedeutung zu geben.

Ich konnte bis zur Erschöpfung trainieren, weil mir das Training Spaß machte und sich nicht nur dann gelohnt hatte, wenn ich eine bestimmte Platzierung bei einer Meisterschaft erreichte. Ich konnte in der Abwasserbehandlung forschen, weil mir dieses Thema am Herzen lag, und nicht, weil mein Leben sich erst dann gelohnt hatte, wenn ich etwas Bedeutungsvolles zum Schutz der Erde beitrug. Ich konnte einem Freund

---

[a] Siehe auch: »Wer aber von dem Wasser trinkt, das ich ihm geben werde, wird niemals mehr durstig sein. Das Wasser, das ich ihm gebe, wird in ihm zu einer Quelle werden, die unaufhörlich fließt, bis ins ewige Leben« (Johannes 4,14; NGÜ). Das sagt Jesus zu einer Frau, die versuchte, durch verschiedene Partner ihren Durst zu stillen. Siehe auch Johannes 7,37.

bei der Bewerbung helfen, nicht damit ich aufgrund meiner guten Taten irgendwann in den Himmel kommen würde (das hat Jesus übrigens bereits auch für uns durch seinen Tod am Kreuz ermöglicht), sondern weil mir dieser Mensch wichtig war und es mich freute zu erleben, wie er wieder seine Begabungen einsetzen konnte.

TOBI: Am Anfang des Buches ging es um die Frage: »*Wozu bin ich berufen?*« Die Antwort ist einfach, aber sie verändert alle deine Lebensbereiche:

> Gott ist treu. Er hat euch berufen **zur Gemeinschaft mit seinem Sohn Jesus Christus,** unserem Herrn.
> 1. KORINTHER 1,9; NLB[46]

»*Hä? Das ist alles?*«, denkst du jetzt vielleicht. Ja! Es ist das Fundament in deinem Leben. Wenn du in dieser Beziehung mit Jesus lebst, wirst du dort alles bekommen, was du brauchst, um mit deinem Leben einen Impact zu machen. Liebe, Weisheit, Kraft, Orientierung – diese göttliche Quelle ermöglicht ein Dasein, das richtig gute Frucht hervorbringt. Nicht mit Gewalt oder aus eigener Kraft, sondern durch das enge Verbundensein mit Jesus. Er selbst erklärt dieses Prinzip am berühmten Beispiel des Weinstocks:

Bleibt in mir, und ich werde in euch bleiben. Denn eine Rebe kann keine Frucht tragen, wenn sie vom Weinstock abgetrennt wird, und auch ihr könnt nicht, wenn ihr von mir getrennt seid, Frucht hervorbringen. Ich bin der Weinstock; ihr seid die Reben. **Wer in mir bleibt und ich in ihm, wird viel Frucht bringen.** Denn getrennt von mir könnt ihr nichts tun.
JOHANNES 15,4-5; NLB

Die Gemeinschaft mit Jesus verändert noch mal fast alle deine Themen, die wir uns bereits angesehen haben:

- Ein neuer Ratgeber
- Kleinste Bemühungen werden bedeutend.
- Eine neue Antriebsquelle
- Rückschläge werden harmloser.
- Eine Ruhe, die nicht von dieser Welt ist
- Echte Freundschaften werden möglich.

Jetzt werden wir diese Punkte noch mal durch die göttliche Brille betrachten. Bereit?

5.3 EIN NEUER RATGEBER

TOBI: »*Schaffe, schaffe, Praktika mache!*« Ja, das ist gut und war ein sinnvoller Tipp im zweiten Kapitel. Das hilft uns, unsere Begabungen herauszufinden, und wir finden so die richtigen Ziele für uns. Aber selbst wenn wir uns jahrelang in Praktika ausprobieren, eine Dauerkarte im Berufsinformationszentrum unserer Stadt haben und so viel Zeit wie möglich investieren würden, um eben unsere Talente zu entdecken: Wir würden es nie schaffen, uns vollständig kennenzulernen. Es gibt allerdings jemanden, der dich besser kennt als du dich selbst, nämlich Gott. Warum? Er hat dich geschaffen. Er hat dich designed und kannte dich schon, bevor du überhaupt auf die Welt gekommen bist:

> Ich kannte dich schon, bevor ich dich im Leib deiner Mutter geformt habe.
> JEREMIA 1,5; NLB[47]

CHRIS: Überall, wo du in diesem Buch gelesen hast, dass ich einen Gedanken oder einen Eindruck hatte, meinte ich damit einen Gedanken von Gott.[a] Er versteckt sich mit seiner Weisheit nicht irgendwo im Himmel und schweigt vor sich hin. Im Gegenteil! Er wünscht sich eine Beziehung mit uns wie in einer Familie oder unter Freunden.[b] Wir dürfen ihn bei Entscheidungen um Rat bitten.

---

[a] Natürlich sind auch manchmal eigene Gedanken oder sogar negative Gedanken dabei. Deswegen ist es auch so wichtig, Eindrücke zu prüfen.
[b] »Seht doch, wie groß die Liebe ist, die uns der Vater erwiesen hat: Kinder Gottes dürfen wir uns nennen, und wir sind es tatsächlich!« (1. Johannes 3,1; NLB). Und: »Doch ich bin stets bei dir. Du hast meine rechte Hand gefasst. Nach deinem Rat leitest du mich, und nachher nimmst du mich in Herrlichkeit auf« (Psalm 73,23-24; ELB).

> Wenn jemand unter euch Weisheit braucht, weil er wissen will, wie er nach Gottes Willen handeln soll, dann kann er Gott einfach darum bitten. Und Gott, der gerne hilft, wird ihm bestimmt antworten, ohne ihm Vorwürfe zu machen.
>
> JAKOBUS 1,5; NLB

Erinnerst du dich noch, als ich mich entscheiden musste, wo ich meine Bachelorarbeit schreiben wollte? In dieser Phase nahm ich mir immer wieder Zeit fürs Gebet, hörte mir Predigten an und las viel in der Bibel. Irgendwann ließ mich der Gedanke nicht los, dass ich die Arbeit in der Versuchsanlage einfach mal ausprobieren sollte, trotz aller Vorbehalte. Ich bin überzeugt davon, dass Gott mit mir redet und mir Eindrücke schickt, denen ich folgen darf. Ohne die Ermutigung von Gott beim Beten hätte ich mich damals nicht für diesen Weg entschieden.

Insgesamt kann ich sagen: Wenn ich nur auf meinen eigenen Verstand und meine eigenen Wünsche gehört hätte, wäre mein Leben deutlich anders verlaufen. Ich hätte mir zum Beispiel kaum zugetraut, dass mir die Forschung im Bereich *Umwelttechnik* eines Tages sehr viel Spaß machen könnte. Nach dem Bachelor arbeitete ich dann in einer Umwelttechnik-Firma und setzte noch einen Master in diesem Bereich drauf. Egal, was in der Zukunft noch kommt, ich bin superdankbar, dass Gott mich Woche für Woche führt.

> Verlass dich auf den Herrn von ganzem Herzen, und verlass dich nicht auf deinen Verstand, sondern gedenke an ihn in allen deinen Wegen, so wird er dich recht führen.
>
> SPRÜCHE 3,5-6; LUT

EINE GRÖSSERE PERSPEKTIVE

TOBI: Wenn du dein Leben lang versuchst, deine eigenen Ziele zu erreichen und deinen eigenen Weg zu gehen, ist die Chance sehr hoch, dass du das dann auch tatsächlich schaffst. Aber halt auch nicht mehr! Über deine eigenen Vorstellungen und Ziele hinaus wirst du logischerweise nicht kommen.

> Denn wie der Himmel die Erde überragt, so sind auch meine Wege viel höher als eure Wege und meine Gedanken als eure Gedanken.
> JESAJA 55,9; HFA

Gott hat unvorstellbar größere Perspektiven als wir. Gott kennt alle meine Begabungen und auch deine. Er kann dir helfen, sie zu entdecken und einen Ort zu finden, an dem du sie einsetzen kannst. Und nicht nur das: Dein Schöpfer weiß von allen deinen Schwächen, deinen Stärken, deinen Gefühlen und tiefen Wünschen. Deswegen ist es eine sehr gute Idee, dir in deinem Alltag immer wieder Zeit zu nehmen, um dir seine Sicht auf die Dinge abzuholen. In dem Moment, in dem du Gott bei deinen Entscheidungen oder Prioritäten mit einbeziehst und Gott dein Leben in die Hand legst, gibst du ihm die Möglichkeit, dich zu formen.[a] Er ist der ultimative Ratgeber für alle Fragen und Entscheidungen! Er wird dir helfen, mehr aus deinem Leben zu machen und gleichzeitig für andere Menschen mit deinen Begabungen ein Licht sein zu können.

---

[a] Das kann auch manchmal herausfordernd sein. Jesus beschreibt zum Beispiel, dass Gott uns auch beschneidet wie einen Weinstock. Der geübte Winzer beschneidet den Wein deshalb, weil er dadurch im nächsten Jahr noch mehr Frucht bringt.

5.4 KLEINSTE BEMÜHUNGEN WERDEN BEDEUTEND

TOBI: Der Kumpel von meinem Sohn hat früher stundenlang Nacktschnecken gerettet! Bäh, oder? Aber es war eine gute Tat, denn er hat das Leben der Schnecken wahrscheinlich verlängert. Bist du auch so jemand, der sich in andere (nicht unbedingt Schnecken, sondern Menschen) investiert?

CHRIS: Einmal unterhielt ich mich mit einer 50-jährigen Frau, die einen demenzkranken Rentner betreute. Diese Frau machte den ganzen Tag nichts anderes, als sich liebevoll um einen alten Menschen zu kümmern, der bald sterben würde. Wenn es Gott nicht gibt, diese Welt reiner Zufall ist und zwischenmenschliche Liebe keine weitere Bedeutung hat als das biochemische Signal in unserem Kopf, dann müsste man jetzt sagen, dass die Arbeit dieser Frau ziemlich bedeutungslos war. Der Mann stirbt ja sowieso. Rein logisch betrachtet wird ihre Arbeit keine bleibende Veränderung auf dieser Welt erzeugen. Ist das, was sie tut, überhaupt sinnvoll? Das hat doch keinen Impact? Sollte sie nicht lieber ihr Leben genießen, jeden Augenblick auskosten, anstatt dem Mann Geschichten vorzulesen? Gibt es, wenn alles auf dieser Welt vergänglich ist, dann überhaupt irgendetwas Sinnvolles, das man tun könnte?[a]

---

[a] Die gleiche Frage hat sich Salomo übrigens auch gestellt. Da er nicht sicher sein konnte, dass es ein Leben nach dem Sterben geben wird, kam er zu dem Entschluss: »Es gibt nichts Besseres, als zu arbeiten und das Leben zu genießen« (nach Prediger 3,22). Was Salomo damals noch nicht wusste: Viele Jahre später kommt Jesus auf die Welt, besiegt den Tod und verändert damit komplett, wie bedeutend unsere Arbeit und unser Leben ist.

TOBI: Vielleicht hast du dich in dieser pflegenden Frau wiedererkannt und fragst dich, ob deine Arbeit überhaupt einen Unterschied macht. Macht es! Manchmal ist das Bedeutendste, das man tun kann, einfach nur für jemanden da zu sein und ihn zu lieben.[b] In dem Moment, in dem du immer mehr entdeckst, dass Gott existiert, wird jede noch so kleine Tat bedeutend. Vielleicht ist das Liebevolle, was du einer Arbeitskollegin gesagt hast, in zwei Tagen schon wieder vergessen. Vielleicht ist der Rasen, den du für deine Eltern gemäht hast, in drei Wochen wieder gewachsen. Deine WG-Küche, die du geputzt hast, wieder vermüllt. Vielleicht hat niemand mitbekommen, dass du einen Freund finanziell unterstützt hast, weil du es nicht auf Instagram gepostet hast. **Gott hat es mitbekommen. Er kann jede noch so kleine ermutigende Tat oder jedes freundliche Wort nutzen und aus diesem Samen etwas entstehen lassen.** Er freut sich mit dir über jeden noch so kleinen *act of kindness*.

Jesus erklärt in einer Geschichte, dass immer dann, wenn wir jemandem etwas Gutes tun, es so ist, als hätten wir das Jesus persönlich getan.[c] Völlig egal, ob du deine Oma anrufst oder dich nach einem Kollegen in deiner Firma erkundigst. Ob du eine fremde Person freundlich grüßt oder einem Außenseiter in deiner Univorlesung ein Thema erklärst. Jede noch so kleine Aktion der Nächstenliebe machst du für Jesus! Er feiert jede Kleinigkeit und alle diese Taten machen aus Jesu Sicht einen Unterschied in dieser Welt.

---

[b] Tief in unserem Herzen wissen wir das auch, dass es bedeutend ist, liebevoll zu jemandem zu sein – auch wenn unser Verstand manchmal sagt, Gott bzw. eine Ewigkeit gibt es nicht. Siehe dazu Römer 1,19.

[c] »›Herr, wann bist du denn hungrig gewesen, und wir haben dir zu essen gegeben? Oder durstig, und wir gaben dir zu trinken? Wann warst du als Fremder bei uns, und wir haben dir Gastfreundschaft gewährt? Und wann hattest du nichts anzuziehen, und wir haben dir Kleider gebracht? Wann warst du denn krank oder im Gefängnis, und wir haben dich besucht?‹ Der König wird ihnen dann antworten: ›Das will ich euch sagen: Was ihr für einen meiner geringsten Brüder oder für eine meiner geringsten Schwestern getan habt, das habt ihr für mich getan!‹« (Matthäus 25,37-40; HFA).

5.5 EINE NEUE ANTRIEBSQUELLE

TOBI: »Papa! Ich hab so kein Bock mehr, mit dir zu lernen!« Das knallte mir mein Sohn gern ins Gesicht, wenn ich abends, manchmal noch genervt von der Arbeit, mit ihm Mathe üben musste. Warum war ich genervt? Ich hatte keinen Spaß an der Abfragerei und dementsprechend angefressen war mein Sohn von meiner lieblosen Art. Irgendwann habe ich bewusst mein Handy und alle weiteren Ablenker ausgeschaltet und verstanden, dass ein liebevolles Mindset sogar beim Lernen wichtig für unsere Beziehung ist.

Solche Geschichten, aber vor allem die Berichte von Chris als Cheerleader-Coach und der Managerin aus dem Fashion-Bereich haben gezeigt: Die Art und Weise kann entscheidend sein, ob eine Arbeit sinnvoll ist, wertschöpfend oder nicht. Egal, wie genau dein Traum aussieht, was du vorhast, für welches Unternehmen du arbeitest, an welcher Stelle du dich ehrenamtlich engagierst oder wo du dich in einzelne Menschen investierst: Wenn wir einen positiven Einfluss auf diese Welt haben wollen, müssen wir darauf achten, dass wir in Liebe das Ziel erreichen, das wir uns erhoffen. Auch dieser Tipp ist nicht von mir, ich habe ihn von Paulus:

> Wenn ich meinen ganzen Besitz an die Armen verteile, wenn ich sogar bereit bin, mein Leben zu opfern und mich bei lebendigem Leib verbrennen zu lassen, aber keine Liebe habe, nützt es mir nichts. Liebe ist geduldig, Liebe ist freundlich. Sie kennt keinen Neid, sie spielt sich nicht auf, sie ist nicht eingebildet. Sie verhält sich nicht taktlos, sie sucht nicht den eigenen Vorteil, sie verliert nicht die Beherrschung, sie trägt keinem etwas nach. Sie freut sich nicht, wenn Unrecht geschieht, aber wo die Wahrheit siegt, freut sie sich mit. Alles erträgt sie, in jeder Lage glaubt sie, immer hofft sie, allem hält sie stand.
>
> 1. KORINTHER 13,3-7; NGÜ

Ich habe eine kleine Challenge für dich: Setze mal in die Verse überall anstatt »Liebe« deinen Namen ein und lies sie dann laut vor. Was macht das mit dir?

CHRIS: Spätestens an der Stelle »*Chris ist geduldig*« hätte ich gestoppt. Ich bin manchmal ungeduldig mit mir selbst und gehe dann genauso mit meinen Mitmenschen um. Auch wenn ich ihnen eigentlich etwas Gutes tun wollte, kam meine Hilfe oft gar nicht gut an, eben weil mir Liebe oder Geduld fehlten. Wenn wir in Liebe die Welt verändern wollen, gibt es ein Problem: **Woher bekommen wir diese Liebe?**

DU KANNST DIE WELT VERÄNDERN, ABER OHNE LIEBE IST ALLES NICHTS.

Ein Vergleich von einem Mönch namens Bernhard von Clairvaux (*1090 n. Chr.) hat mir geholfen zu verstehen, wie mein Problem gelöst werden kann:

> **Wenn du vernünftig bist, erweise
> dich als Schale, nicht als Kanal,
> der fast gleichzeitig empfängt und weitergibt,
> während jene wartet, bis sie gefüllt ist.
> Auf diese Weise gibt sie das, was bei ihr
> überfließt, ohne eigenen Schaden weiter.
> Lerne auch du, nur aus der Fülle auszugießen,
> und habe nicht den Wunsch,
> freigiebiger als Gott zu sein.
> Die Schale ahmt die Quelle nach. Erst wenn sie
> mit Wasser gesättigt ist, strömt sie zum Fluss.
> Du tue das Gleiche! Zuerst anfüllen
> und dann ausgießen.
> Die gütige und kluge Liebe ist gewohnt
> überzuströmen, nicht auszuströmen.
> Ich möchte nicht reich werden,
> wenn du dabei leer wirst.
> Wenn du nämlich mit dir selber schlecht
> umgehst, wem bist du dann gut?
> Wenn du kannst, hilf mir aus deiner
> Fülle; wenn nicht, schone dich.**
>
> AUS SCHALE DER LIEBE VON BERNHARD VON CLAIRVAUX[48]

Clairvaux beschreibt hier, wie schwierig es ist, echte Liebe an andere Menschen weiterzugeben, wenn man Liebe nur kanalisiert. Genauso fühlte ich mich: wie ein löchriger Kanal, der zwar empfängt, aber gleichzeitig sämtliche Energie wieder verliert. Mit Anfang zwanzig war ich oft müde, unzufrieden und nicht angefüllt, nicht voller Zuneigung, die ich weitergeben konnte. Vielleicht entdeckst du diese Problematik auch in deinem Leben, bei deinem Engagement in der Arbeit, der Beziehung zu einem Familienmitglied oder gegenüber einem Freund. **Sind wir denn selber so erfüllt von Liebe, um aus ihr heraus etwas tun zu können und sie dann an andere weiterzugeben?** Und wenn nicht, wie werden wir zu dieser Schale, die überfließt vor Liebe?

TOBI: Durch die Gemeinschaft mit Jesus!

> Wer aber von dem Wasser trinkt, das ich (Jesus) ihm geben werde, der wird niemals mehr Durst haben. Das Wasser, das ich ihm gebe, wird in ihm zu einer nie versiegenden Quelle, die unaufhörlich bis ins ewige Leben fließt.
>
> JOHANNES 4,14; NLB[49]

Ohne ihn wirst du nach einigen Jahren Mühe und Arbeit in deinem Leben bildlich gesprochen austrocknen.[a] Doch solange du an dieser Quelle bist, kannst du Tag für Tag neue Kraft von ihm bekommen.

> Den Erschöpften gibt er neue Kraft, und die Schwachen macht er stark. Selbst junge Menschen ermüden und werden kraftlos, starke Männer stolpern und brechen zusammen. Aber alle, die ihre Hoffnung auf den Herrn setzen, bekommen neue Kraft. Sie sind wie Adler, denen mächtige Schwingen wachsen. Sie gehen und werden nicht müde, sie laufen und sind nicht erschöpft.
>
> JESAJA 40,29-31; HFA

5.6 RÜCKSCHLÄGE WERDEN HARMLOSER

CHRIS: Hindernisse können kommen. Die Frage im Buch (in Kapitel 3) war bisher: *Wie gehen wir damit um, damit sie uns nicht zum Aufgeben*

---

[a] An einer anderen Stelle erklärt Jesus, dass dieses Wasser ein Bild für den Heiligen Geist ist (Johannes 7,37).

bringen? Wie du schon weißt, war es ein großer Rückschlag in meinem Leben, die vielen Absagen für meinen New-York-Aufenthalt zu bekommen. Ich hatte zwar alles gegeben, aber es reichte offensichtlich nicht. Ich fühlte mich mies, war enttäuscht und wusste nicht, was ich jetzt stattdessen tun sollte. Dann hatte ich den Eindruck: *»Setze dich mal hin.«* Ich richtete mich auf meinem Bett auf. Kaum saß ich aufrecht im Bett, kam ein Gedanke, der mein Herz so tief traf, dass all meine Traurigkeit und das Gefühl des Minderwerts augenblicklich verschwanden: *»Ich liebe dich, Chris, so wie du bist!«*

Ich war mir in dem Moment ziemlich sicher, dass das gerade Gott gewesen war, der zu mir gesprochen hatte. Wenn er, der Schöpfer des Universums, zu dir sagt: *»Ich liebe dich«*, dann spielt es keine Rolle mehr, was andere Menschen oder dein Lebenslauf über dich sagen. Dieser Moment mit Gott hat mich ermutigt, dass ich am nächsten Tag aufstand, eine Runde joggen ging und Pläne machte, was ich bei meiner zweiten Bewerbung besser machen könnte. Du brauchst im Leben jemanden, der dich motiviert, der an dich glaubt und dich anfeuert. Auf der einen Seite sind das gute Freunde. Und gleichzeitig ist Gott dein bester Coach und Motivator:

> Der Herr, dein starker Gott, der Retter, ist bei dir. Begeistert freut er sich an dir. Vor Liebe ist er sprachlos ergriffen und jauchzt doch mit lauten Jubelrufen über dich.
> ZEFANJA 3,17; NLB[b]

---

[b] Gott ist nicht von dir begeistert, weil du so ein perfekter Mensch bist, der viele gute Taten macht. Sondern weil du durch den Tausch am Kreuz in Gottes Augen trotz deiner Fehler jetzt so perfekt bist, wie es Jesus war.

Gott ist sowohl bei Rückschlägen wie auch in schwierigen Zeiten an deiner Seite.[a] Er hilft dir, wieder aufzustehen, wenn du am Boden bist und seine Hand annimmst. Du kannst ihm vertrauen, dass selbst wenn etwas nicht klappen sollte, er dich dabei unterstützt, das Beste aus der Situation zu machen oder auch eine Alternative zusammen mit dir zu finden. Jesus verändert unseren Umgang selbst mit den schlimmsten Situationen völlig.

SCHICKSALSSCHLAG – UND DANN?

TOBI: Ich weiß nicht, ob du an jenem Samstagsabend 2010 mit Chips und Cola vor dem Bildschirm gesessen bist, weil *Wetten, dass..?* lief. Damals passierte ein schwerer Unfall. Live, vor laufenden Kameras. Der ambitionierte Kunstturner und Schauspieler Samuel Koch brach sich bei dem Fernsehauftritt das Genick und ist seitdem querschnittsgelähmt. Für ihn ein schwerer Schicksalsschlag: Die Bewegungsfähigkeit war eigentlich das, was ihm bisher Bedeutung gegeben hatte. Er schreibt darüber:

»Diese Frage, was mich definiert, bekam nach dem Unfall eine ganz neue Brisanz. Denn nun bin ich nicht mehr Samuel, der Turner, der Chaot, der Sportler, der, dem alles gelingt, was er anpackt, sondern ich bin reduziert auf den Menschen, den der Unfall von mir übrig gelassen hat.«[50]

Samuel ist Christ. Und Christ zu sein bedeutet nicht, dass es kein Leid mehr für einen gibt oder dass alles perfekt im Leben läuft. Man kann sich genauso verletzen, seinen Job verlieren oder einen Rückschlag erleben. Ja, es ist oft nicht leicht, solche Rückschläge einzustecken, aber wenn Gesundheit, Arbeit oder Erfolg im Leben alles ist, was wir haben,

---

[a] »Selbst wenn ich durch ein finsteres Tal gehen muss, wo Todesschatten mich umgeben, fürchte ich mich vor keinem Unglück, denn du, Herr, bist bei mir! Dein Stock und dein Hirtenstab geben mir Trost« (Psalm 23,4; NGÜ).

dann können uns solche negativen Ereignisse auch alles nehmen. Sie haben dann große Auswirkungen auf unseren Weg und zerstören unsere Motivation und Hoffnung.

> **Zum Nachdenken**
> Gab es schon mal Situationen in deinem Leben, in denen dein Traum durch eine Verletzung, eine Absage oder einen Rückschlag zerstört wurde? Wie bist du damit umgegangen?

DER BLICK IN DIE EWIGKEIT

TOBI: Jesus hat am Kreuz etwas ermöglicht, was uns eine Hoffnung schenkt, die größer ist als jeder Rückschlag: Vor seiner öffentlichen Hinrichtung hat er immer wieder angekündigt, dass er für uns sterben und wieder auferstehen würde, aber niemand hat es ihm damals geglaubt.[51] Bis es passierte: Drei Tage nach seiner Beerdigung berichteten Leute, dass sie ihn getroffen hätten. In den folgenden Wochen häuften sich die Meldungen. Hunderte von Menschen in der Umgebung sahen ihn, unterhielten sich mit ihm, durften seine Wunden anfassen und sogar mit ihm essen.[52] Jesus hat das vollendet, was bereits Dutzende Propheten in all den alten Schriften angekündigt hatten. Er hat für uns den Tod besiegt.[53] **Ab sofort gibt es mehr als dieses Leben! Es gibt eine Ewigkeit bei Gott.** Diese feste Hoffnung auf unsere Zukunft gibt uns Kraft, uns sogar durch herausforderndste Ereignisse nicht den Mut nehmen zu lassen.[54]

> Unser heutiges Verhalten ist davon beeinflusst, woran wir glauben, was unsere endgültige Zukunft sein wird.
>
> TIMOTHY KELLER[55]

In einem Artikel las ich einen Satz darüber, wie Samuel Koch mit Hoffnung im Leid umgeht. Er schreibt dort, dass sein größter Wunsch sei, wieder laufen zu können. Wenn es hier auf der Erde nicht klappt, dann eben im Himmel.[56] Selbst wenn alles in deinem Leben scheitern sollte: Du weißt, es gibt noch mehr. Selbst wenn du eine schlimme Verletzung erlebst und einen Traum aufgeben musst wie Samuel, du weißt, dass die Zeit, in der wir im Diesseits auf manches verzichten müssen, relativ kurz im Vergleich zu der Ewigkeit ist, die noch kommt. Und diese Ewigkeit wird richtig gut werden, wie die Bibel uns verspricht:

> Er wird alle ihre Tränen abwischen, und es wird keinen Tod und keine Trauer und kein Weinen und keinen Schmerz mehr geben. Denn die erste Welt mit ihrem ganzen Unheil ist für immer vergangen.
>
> OFFENBARUNG 21,4; NLB

Die Message von Jesus ist das Beste, was uns Menschen jemals passieren konnte. Oder besser gesagt, nach unserem Tod passieren wird! Sie ist der Jackpot für jeden Menschen, egal, wo er herkommt, welche Hautfarbe oder welche Kultur er hat. Aber anstatt dass wir uns die Berichte in der Bibel über Jesus einfach mal genauer anschauen, wehren sich viele von uns mit Händen und Füßen dagegen. Dabei hätten wir alle die Möglichkeit, Jesus kennenzulernen und dadurch die Gewissheit auf eine Zukunft bei Gott zu bekommen. Wir könnten sogar schon jetzt (in diesem irdischen Leben) erleben, wie wir durch diese Hoffnung Kraft für unseren Alltag und auch für den Umgang mit Rückschlägen bekommen.

5.7 EINE RUHE, NICHT VON DIESER WELT

TOBI: Downhill Biken! Das ist mein neues Hobby! Dadurch bekomme ich Power. Meine Frau findest du in solchen Momenten dann eher mit einem guten Buch in ihrem Liegestuhl. Egal, was dir Fun und Entspannung gibt, Ruhe und Spaßmomente ins Leben einzubauen, ist total wichtig! Das hat uns Kapitel 4 gezeigt. Aber vielleicht hast du schon Mal Folgendes erlebt: Du warst endlich für zwei Wochen im wohlverdienten Urlaub am Meer und bist jetzt wieder zurück bei der Arbeit oder in der Uni. Bereits am dritten Tag fühlst du dich schon wieder urlaubsreif. Woran liegt das? **Unser Körper ist vielleicht erholt, aber unsere Seele sehnt sich nach einer Ruhe, die nicht von dieser Welt ist.** Und die gibt es in keinem Urlaubsparadies dieser Erde, sondern nur bei Jesus.

> Kommt alle her zu mir, die ihr müde seid und schwere Lasten tragt, ich will euch Ruhe schenken.
> MATTHÄUS 11,28; NLB

Dieses göttliche Versprechen nimmt eine junge Frau namens Anna in ihrem abenteuerlichen Leben gern und oft in Anspruch!

SORGEN REIN UND WEG – GEHT DAS?

Mein Mann und ich hatten beide dieselbe Vision: Wir wollten ein Ministry gründen, das Kinder in Südamerika unterstützt. Die Wahl fiel auf Kolumbien. Wir starteten dort mit unserer Arbeit, kauften ein kleines Haus und bauten einen Mitarbeiterstab auf. Das klingt jetzt hier beim Lesen so einfach, vielleicht denkst du an 28 Grad, Palmen, Papayas und so, aber so einfach war es nicht. Die Gegend, in der wir lebten, war nicht ungefährlich. Immer wieder kamen Raubüberfälle vor und neben all den bürokratischen Hürden bei unserer neu gegründeten Organisation mussten wir mit unserer eigenen Aufenthaltsgenehmigung kämpfen. Im November 2020 war ich gerade mit meinem zweiten Kind im siebten Monat schwanger, als wir plötzlich die Nachricht bekamen, dass wir das Land verlassen müssten. Unsere Lage war tight: Wir hatten das Haus in Kolumbien, das abbezahlt werden musste, jemand musste sich um das Team vor Ort kümmern und ich war in Deutschland nicht krankenversichert. Ich war mir unsicher, wie genau das mit der Geburt laufen würde und was die beste Entscheidung in dieser Situation war. Ohne zu wissen, was auf uns zukommen würde, ließen wir alles zurück und stiegen in den Flieger nach Deutschland. Ich bin kein Quitter, ich gebe nicht so schnell auf, aber das waren Momente, in denen ich mit meinem Traum haderte. War es die richtige Entscheidung gewesen? War es all das wirklich wert? Wie ist das für die Kinder? Ich machte mir Sorgen.

Woher nimmt man die Kraft, in solchen Momenten nicht aufzugeben? Ich habe über die Jahre ein tiefes Vertrauen zu Gott aufgebaut, bete viel und hole mir immer wieder die Zusage von ihm ab, dass sein Plan für mein Leben gut ist. Eines Tages suchte ich Ruhe bei einem Spaziergang, dabei kam mir ein Vers in den Sinn: »*Deshalb sorgt euch nicht um morgen – der nächste Tag wird für sich selber sorgen! Es ist doch genug, wenn jeder Tag seine eigenen Schwierigkeiten mit sich bringt*« (Matthäus 6,34; HFA).

Mir kam ein Gedanke in den Kopf, als ob Gott mir sagt: »*Anna, ich habe mich um dein Gestern und dein Heute gekümmert. Ich werde mich auch um dein Morgen kümmern und wir schauen dann gemeinsam, wie es nach dem halben Jahr weitergeht!*« Ich entschied mich, Gott zu vertrauen, dass er sich kümmert und ich mir heute keine Sorgen machen muss, was übermorgen sein wird. Ich merkte, wie die Ruhe in mir einzog. Ich glaube, es sind solche kleinen Entscheidungen, die richtungsweisend dafür sind, wie effektiv wir unsere Berufung leben können. Es ist ein Training, solche Entscheidungen mit tiefer Überzeugung zu treffen, und es ist nie zu spät, damit anzufangen. Ich habe oft erlebt, wie Gott mich Schritt für Schritt geführt hat. Dabei muss ich nicht die nächsten hundert Schritte kennen, sondern mich immer nur entscheiden, den nächsten im Vertrauen auf ihn zu gehen – wie klein er auch ist! «

ANNA, 27 JAHRE

TSCHAU, BURN-OUTS, STRESS UND CO.!

TOBI: Burn-outs, Stress und Co. entstehen oft nicht durch die viele Arbeit, sondern durch die Sorgen, die wir uns gemacht haben. Vielleicht ist es bei dir Angst vor einer Prüfung, ein Vortrag vor vielen Menschen, Sorgen über eine andere Person oder es sind Zukunftsängste. Die Angst vorm Scheitern. Die Unsicherheit, dass es nicht reicht. Die Angst, dass das, woran du arbeitest, nicht gut genug ist. Mit Gott an deiner Seite kannst du solche Situationen plötzlich ganz anders bewältigen. Ich weiß heute zwar oft nicht, wie ich eine scheinbar unlösbare Aufgabe noch rechtzeitig lösen soll, eine Predigt mit wenig Zeit noch vorbereiten soll oder eine Flut an Arbeit bewältigen kann, aber ich weiß, ich darf alle meine Sorgen bei Gott abgeben.

Das bedeutet: Im Gebet erinnere ich mich wieder daran, wie mächtig Gott ist, lege ihm all meine Probleme und Herausforderungen in seine Hände und entscheide mich, nicht auf meine eigene Leistung zu vertrauen, sondern auf ihn. Ich weiß, solange ich in seiner Nähe bleibe, wird er mich zur rechten Zeit führen, wird in die Situation eingreifen oder mir einen guten Gedanken schenken. Und ich weiß, selbst wenn ich scheitern sollte, ist es nicht so schlimm. Ich kann ihm vertrauen, er hat mein Leben in seiner Hand.

> Aber Segen soll über den kommen, der seine ganze Hoffnung auf den Herrn setzt und ihm vollkommen vertraut. Dieser Mann ist wie ein Baum, der am Ufer gepflanzt ist. Seine Wurzeln sind tief im Bachbett verankert: Selbst in glühender Hitze und monatelanger Trockenheit bleiben seine Blätter grün. Jahr für Jahr trägt er reichlich Frucht.
> JEREMIA 17,7-8; NLB

»*Selbst in glühender Hitze bleiben seine Blätter grün.*« Was auch immer so eine hitzige Zeit in deinem Leben ist, durch die Gemeinschaft mit Gott haben wir die Möglichkeit, trotz äußerer Umstände eine innere Ruhe zu bewahren.

SEGEN SOLL ÜBER DEN KOMMEN, DER SEINE GANZE HOFFNUNG AUF DEN HERRN SETZT UND IHM VOLLKOMMEN VERTRAUT.

5.8 FRIENDSHIP 2.0 – EIN NEUES LEVEL FÜR DEINE BEZIEHUNGEN

CHRIS: Je mehr ich mich in der Bibel mit dem Thema *Freundschaft* beschäftigte, desto mehr sehnte ich mich nach solchen tiefen Freundschaften, wie sie die Bibel beschreibt. Vielleicht ging es dir ähnlich, als du das Kapitel 4.4 zum Thema *Freundschaften* gelesen hast. Wer wünscht sich das nicht? Einen Freund zu haben, der dich **zu jeder Zeit** unterstützt, der dir rund um die Uhr mit einem guten Rat zur Seite steht, der dir stets dabei hilft, zu wachsen, und mit dem du dich immer treffen kannst, wenn du es möchtest. Zusammengefasst, der nie von deiner Seite weicht und auf immer und ewig für dich da ist. Sei mal ehrlich: Hast du so einen Freund?

Ich wünschte mir immer so einen Freund. Einmal, auf dem Weg zur Straßenbahn, wurde mir dann meine eigentliche Motivation bewusst: Ich wollte einen besten Freund, damit *ich* einen besten Freund für mich hatte. Es ging also bei diesem Wunsch in erster Linie nur um mich!?

Timothy Keller fasst diese Problematik in einer Predigt sehr gut zusammen: »*Kann es sein, dass der Hauptgrund, warum wir nicht die Freunde haben, die unser Herz bräuchte, ist, dass wir selbst nicht die Freunde sind, die wir sein sollten?*«[57] Wenn ich für andere Personen ein sehr guter Freund wäre, würde ich wahrscheinlich früher oder später automatisch auch solche guten Freunde bekommen. Aber ich bin leider oft alles andere als ein großartiger Freund. Immer für jemanden da zu sein, einer Person stundenlang bei ihren Problemen zuzuhören oder sie monatelang tatkräftig zu unterstützen, fordert mich erst mal ziemlich heraus.

Woher bekommen wir die Energie, um so ein Freund zu sein, der wir sein müssten, damit solche Freundschaften (fast) automatisch entstehen werden? Aus der Beziehung mit dem einzigen idealen und allerbesten Freund, den es für uns Menschen gibt: Jesus. Er sagt:

> Ich nenne euch Freunde und nicht mehr Diener.
> JOHANNES 15,15; NGÜ

Durch die Beziehung mit Jesus müssen wir andere Freundschaften nicht mehr benutzen, um dadurch das Bedürfnis oder eine Sehnsucht nach Gemeinschaft in uns zu stillen. Wir haben bereits alles, wonach sich unser Herz sehnt. Jesus bietet uns das alles an und füllt unsere Schüssel mit freundschaftlicher Liebe auf. Er ist eben dieser Freund, der uns wirklich immer und in jeder Situation zur Seite steht. Deswegen können wir dann auch solche guten Freunde für andere sein, auch wenn die Beziehung lange Zeit einseitig verlaufen sollte. Früher oder später kann sich dann aus der ein oder anderen Beziehung auch echte, tiefe Freundschaft entwickeln. Durch die Beziehung mit ihm können wir zu Freunden werden, die sich antreiben, fördern, helfen, die zusammenstehen und ihren Charakter ehrlich und liebevoll aneinander schleifen.

CHRIS: So cool, dass du es bis hierin geschafft hast. Das war 'ne Menge Stoff. Zum Schluss gibt es noch mal eine kurze Zusammenfassung der wichtigsten Punkte:

Im **ersten Tei**l des Buches (Kapitel 01) wollten wir dich mit Gründen ermutigen, warum es so wichtig ist, dass du dein Leben gut nutzt: Weil du viel mehr kannst, als du vielleicht von dir selbst denkst, weil die Welt dich braucht und weil wir heute die besten Möglichkeiten haben, die eine Generation jemals hatte (zum Beispiel: Internet, Globalisierung, Bildung, weltweite Möglichkeiten). Wir endeten mit der Frage: »*Okay, aber was soll ich denn machen?*«

Der **zweite Teil** (Kapitel 02) ging auf die Frage ein, was unsere Ziele sein sollten bzw. wonach wir streben sollten. Die Antwort: Wir können mehr, als »nur« glücklich zu werden. Du kannst etwas Bedeutendes, etwas Sinnvolles tun. Das Problem: Wir wissen gar nicht, was wir alles können! Sei neugierig, unterhalte dich mit Menschen und vor allem: Probiere dich aus! Engagiere dich, mach mit, schau über deinen Tellerrand hinaus. Gott hat dir sehr viele Begabungen geschenkt, von denen du viele wahrscheinlich noch gar nicht austesten konntest. Du wirst mit einem offenen und neugierigen Mindset dein Leben lang immer wieder neue Talente entdecken, sie entwickeln und an verschiedenen Orten einsetzen können. Durch diese Veränderung wirst du immer mehr spannende Ziele für deine Lebensabschnitte entdecken. Die Frage, mit der das Kapitel endete: »*Okay, ich kenne etwas, das mich in Schwingung versetzt, ich habe Ziele, aber wie erreiche ich sie?*«

Im **dritten Teil** (Kapitel 03 und Kapitel 04) haben wir uns angeschaut, worauf wir auf unserem Weg achten müssen, damit wir nicht nur in unserem Leben umherschweifen, sondern bei unseren Zielen vorwärtskommen und wirkungsvoll werden. Das Geheimnis, damit du bei Hindernissen, Rückschlägen oder verlockenden Ablenkungen nicht zu schnell aufgibst, ist Entschlossenheit. Überlege dir sorgfältig, was du tun möchtest. Es wird dir helfen, ein Mann oder eine Frau zu werden, die sich nicht so leicht von seinen/ihren Zielen abbringen lässt. Es ging außerdem um unsere inneren Motive, um Priorisieren und wie du einen Antrieb für das bekommst, was du aktuell machst (zum Beispiel durch einen Perspektivwechsel). Ein häufig unterschätzter Antrieb sind Erholung und Pausen, um die Früchte der Arbeit zu genießen. Solche Ruhe- und Feiermomente im Alltag einzubauen, kostet manchmal Kraft und Disziplin. Fang heute schon an, deine ungesunden Antreiber (Gier, Sorgen, Verlockungen, Ängste, Minderwert etc.) loszuwerden, damit du später nicht ein Mensch bist, der ständig getrieben ist. Zuletzt wird im dritten Teil des Buches gezeigt, weshalb gute Freundschaften so wichtig sind: Sie haben extrem positive Auswirkungen auf alle angesprochenen Themen!

Im **vierten Teil** (Kapitel 05) ging es noch mal eine Ebene tiefer. Es begann mit der These, dass wir oft nur deswegen etwas in unserem Leben erreichen wollen, um unserem... Leben Bedeutung zu geben. Es wurde anhand der Geschichte von Chris in New York erzählt, dass durch das, was Jesus für uns am Kreuz getan hat, unser Leben bereits zu 100 Prozent bedeutend ist – unabhängig davon, was wir leisten. Das ist das Geheimnis und das Fundament, wodurch wir die Welt verändern und gleichzeitig Leichtigkeit behalten können.

DIE GRÖSSTE ERRUNGENSCHAFT FÜR DICH

Es mag eine Zeit dauern, bis unser Herz diese Tatsache begriffen hat: **Wir müssen nichts in unserem Leben erreichen und haben durch Jesus trotzdem ein bedeutendes Leben.** Durch den Tod von Jesus wurde uns seine größte Errungenschaft geschenkt – eine Gemeinschaft mit Gott, in diesem Leben und über dieses Leben hinaus. Mit diesem Wissen können wir nun Gas geben und die Welt in Liebe verändern. Lasst uns nicht auf diesem Geschenk ausruhen, sondern die geniale Ausgangssituation nutzen. Wir haben nichts mehr zu verlieren, wir können nicht tiefer fallen als in Gottes Hände.

Die Gemeinschaft mit Jesus verändert noch mal alle unsere Lebensbereiche: den Umgang mit Hindernissen, unseren Antrieb, wie bedeutend jede noch so kleine Tat wird, wie wir Freundschaften aufbauen, wie wir unsere eigenen Begabungen entdecken, wie wir Entscheidungen treffen und auf welche Weise wir die Welt verändern! Die Good News sind: Es gibt sehr viel zu gewinnen. Gott wird weiterhin Geschichte schreiben und du darfst ein Teil davon sein.

Der Schlüssel ist das Bild vom Baum, der mit seinen Wurzeln zu jeder Zeit mit der Wasserquelle verbunden ist und dadurch ganz automatisch gute Früchte in seinem Leben entstehen. Nicht weil er muss, nicht weil ihn jemand zwingt, sondern weil er so geschaffen wurde.

> (Diese Person) ist wie ein Baum, der nah am Wasser gepflanzt ist, der Frucht trägt Jahr für Jahr und dessen Blätter nie verwelken. Was er sich vornimmt, das gelingt.
> PSALM 1,3; HFA

Übertragen auf uns heißt das: Bleibe jeden deiner Tage durch Bibel, Gebet und Gemeinde in dieser Verbundenheit mit Gott. So werden alle

Früchte entstehen. In eurer Beziehung wird Gott dich führen, dir helfen, deine Begabungen zu entdecken, nicht aufzugeben, wenn es schwierig wird, und all deine Sorgen an ihn abzugeben. Er wird dir Liebe schenken, wenn andere nicht liebevoll zu dir sind, Hoffnung, wenn es keine Hoffnung mehr gibt, Kraft, wenn du schwach bist, Motivation und Ermutigung, wenn dein Antrieb fehlt, und überragende Ideen für deinen Alltag.

Wenn du Gott noch nicht kennst, suche dir eine Kirche und eine Kleingruppe in der Nähe. Finde heraus, wer Jesus ist. Eines kann ich versprechen: Es wird dein Leben verändern. Und es wird verändern, mit welcher Leichtigkeit und Liebe du diese Welt verändern wirst!

FRAGEN UND ANTWORTEN

07

Sind dir beim Lesen des Buches an der einen oder anderen Stelle Fragen in den Kopf geschossen, auf die du gern Antworten hättest? Voilà, hier sind sie! Oder zumindest die Antworten auf die unserer Meinung nach wichtigsten Punkte. Es ist lediglich ein kleiner Auszug, aber vielleicht macht er dir Appetit auf mehr …

ÜBERSICHT

Q&A 1	Die Bibel wurde doch nur von Menschen erfunden?
Q&A 2	Wie kann man beweisen, dass es Gott gibt?
Q&A 3	Was ist mit den anderen Religionen?
Q&A 4	Warum Christ werden, wenn die Kirchen so einen schlechten Ruf haben?
Q&A 5	Wie werde ich Christ?
Q&A 6	Wie kann ich Gottes Stimme hören?
Q&A 7	Wie finde ich heraus, was Gottes Plan für mein Leben ist?
Q&A 8	Ich habe Angst, eine Entscheidung entgegen Gottes Plan zu treffen. Was soll ich tun?
Q&A 9	Warum passieren negative Sachen, wenn es Gott gibt?
Q&A 10	Wenn es nicht läuft: Muss ich dann mehr tun oder mehr auf Gott vertrauen?

Q&A 1 DIE BIBEL WURDE DOCH NUR VON MENSCHEN ERFUNDEN?

TOBI: Ja. Überrascht? Schockiert? Die Bibel ist eine Sammlung verschiedener Briefe, Augenzeugenberichte, Gedichte und Lieder. Die Autoren kannten sich zum größten Teil nicht und trotzdem zieht sich ein roter Faden durch jede Seite dieses Buches. Alle beschreiben auf unterschiedlichste Weise Gottes Liebe durch Jesus Christus. Hier sind zwei Gründe, weshalb man der Bibel großes Vertrauen schenken kann (und es gibt noch viele weitere):

1.) Genaueste Überlieferung der Berichte

Die Manuskripte der Bibel gehören zu den fundiertesten Überlieferungen, die wir aus dieser Epoche besitzen. Über Jesu Leben und Wirken gibt es über 5700 griechische Manuskripte und über 10 000 auf Lateinisch. Einige davon wurden nur wenige Jahre nach Jesu Tod verfasst. Hinzu kommen diverse archäologische Ausgrabungen. Zum Vergleich: Über Cäsars Gallischen Krieg gibt es neun Überlieferungen, die circa 950 Jahre nach dem Ereignis entstanden sind. Warum gibt es dann einige Wissenschaftler, die behaupten, das, was in der Bibel steht, sei nicht wahr, glauben aber an Cäsars Gallischen Krieg? Ganz einfach: Ob Cäsar Gallien angegriffen hat oder nicht, hätte keinerlei Auswirkungen auf das Leben der Wissenschaftler. Wenn das allerdings wahr wäre, was Jesus gesagt hat, hätte das drastische Konsequenzen für jeden Menschen. Auch für den kritischen Historiker. Es ist daher unmöglich, einen solchen Bibeltext objektiv zu studieren.

2.) Eingetroffene Prophezeiungen

Es gibt circa 3000 Vorhersagen in den Schriften des Alten Testaments, die tatsächlich eingetroffen sind. Ein Beispiel für zwei davon: Es wurde über den Christus vorhergesagt, dass er in Bethlehem geboren werden soll (Micha 5,1 – prophezeit circa 700 v. Chr.). Und dass Gott ihn eines Tages aus Ägypten berufen wird (Hosea 11,1).[a] Im Rückblick gesehen ist es faszinierend, dass sich beides genauso zugetragen hat. Denn wir wissen: Maria und Josef wohnten ursprünglich in Nazareth, also ganz woanders. Wegen der Volkszählung mussten die zwei spontan nach Bethlehem, wo Jesus schließlich auf die Welt kam. Als sich König Herodes dann entschloss, im Land alle Kinder bis zwei Jahre umzubringen, musste die Family kurzerhand nach Ägypten fliehen. So erfüllten sich beide Vorhersagen.

Wie gesagt: Über 3000 solcher Vorhersagen sind eingetroffen. Zufall? Alles nur von Menschen erfunden? Unmöglich! Dr. Prof. Werner Gitt rechnete einmal aus, wie hoch die Wahrscheinlichkeit ist, dass das zufällig passieren könnte. Das Ergebnis: Das wäre so wahrscheinlich, als würde man zehn hoch 860 Universen (eine Zahl mit 806 Nullen) jeweils mit schwarzen Ameisen und einer einzigen roten Ameise füllen. Dann würde man zufällig mit verbundenen Augen eine Ameise herausgreifen und die einzige rote Ameise erwischen, die vorher irgendwo versteckt wurde. Da ist ein Sechser im Lotto deutlich wahrscheinlicher, als dass diese ganzen Links und Prophezeiungen Zufälle sind.

---

[a] Insbesondere die Vorhersagen über Jesus in Jesaja (zum Beispiel, dass man bei seiner Kreuzigung um seine Klamotten würfeln würde) wurden lange als gefälscht erklärt, bis man schließlich Schriften der Jesaja-Rollen in den Qumran-Höhlen entdeckte, die weit vor Jesu Tod entstanden sind.

»Aber was ist mit den ganzen Wundern, z. B. dass Jesus über Wasser gelaufen sei? Es ist unmöglich, dass ein Mensch so was kann!«, könnte man jetzt einwenden. Ich würde zustimmen. Wenn Jesus nur ein Mensch war, ist es völliger Unsinn, dass er über Wasser ging, dem Sturm befehlen konnte oder von den Toten wieder auferstanden ist. Gleichzeitig muss man zugeben: Wenn Jesus wirklich Gottes Sohn ist, muss er solche Dinge können! Sonst wäre er nicht Gott, sondern nur ein Mensch.[a]

Q&A 2 WIE KANN MAN BEWEISEN, DASS ES GOTT GIBT?

CHRIS: Ein Glaube oder eine Weltanschauung muss meiner Meinung nach zwei Bedingungen erfüllen: Es muss erstens erklärbar und zweitens erlebbar sein. Wenn der Glaube an Jesus gut erklärbar ist, du ihn aber nicht ganz praktisch in deinem Leben erleben könntest, wäre es lediglich eine erfundene Theorie. Andersherum: Wenn du etwas Übernatürliches erleben kannst, es aber nicht erklärbar ist, dann handelt es sich lediglich um ein Placebo (zum Beispiel Horoskope, Pendeln etc.). Ein Placebo wird langfristig nie in der Lage sein, deine großen Probleme zu lösen.

Diese zwei Säulen sind der Grund, warum ich heute als kritisch rational denkender Mensch an etwas glaube, obwohl ich es nicht immer sehen kann:

---

[a] Natürlich gibt es ein paar Dinge, die man in der Bibel beachten sollte. Es macht einen Unterschied, um welche Textart es sich handelt, an wen der Abschnitt gerichtet ist, in welchem Zusammenhang er geschrieben wurde usw. Wenn Jesaja von »klatschenden Bäumen« spricht, dann sind das keine Wesen aus Fantasy-Movies mit Ast-Händen, die lässig im Takt clappen. Es ist eine Bildersprache, die der Verfasser hier nutzt und die an vielen Stellen in der Bibel vorkommt. Es gibt in der Bibel Gleichnisse, Gedichte und Lieder, die eine sehr bildhafte, poetische Sprache benutzen. Aber es gibt auch Augenzeugenberichte, bei denen es auf jedes Detail ankommt. Die Spanne der Textarten ist sehr breit. Das muss man wissen.

1.) **Erklärbar** – Ich weiß inzwischen, dass die gute Botschaft von Jesus Christus wahr ist. Ich habe mich viel mit dem Thema beschäftigt, die Bibel komplett gelesen und weiß inzwischen, dass man sowohl der Bibel wie auch Jesu Aussagen vertrauen kann.[b] Allen voran sein Tod und seine Auferstehung am Kreuz. Wenn er von den Toten auferstanden ist, so wie er es immer wieder angekündigt hat, stimmen auch alle anderen Aussagen von ihm. Ich könnte an dieser Stelle zig Argumente liefern, aber dafür reicht der Platz nicht, deshalb ein Buchtipp zum Vertiefen von Lee Strobel: *Der Fall Jesus. Ein Journalist auf der Suche nach Wahrheit (gibt's als Buch und als Film)*.[58]

2.) **Erlebbar** – Als ich einmal einen christlichen Freund nach dem ultimativen Gottesbeweis gefragt habe, war seine Antwort: »Gott möchte nicht, dass du an ihn glaubst, nur weil dir jemand Gottes Existenz mathematisch hergeleitet hat. Er möchte, dass du ihn persönlich kennenlernst.« Ich bin inzwischen davon überzeugt, dass es die beste Möglichkeit ist, herauszufinden, ob es ihn wirklich gibt. Ich erlebe heute Gott ganz praktisch beim Gebet, beim Bibellesen oder einfach so im Alltag. Viele solcher kleinen und großen Momente haben mein Leben verändert.

Tipp: Früher habe ich oft vergessen, was ich zum Beispiel im Herbst vor einem Jahr mit Gott erlebt habe. Heute schreibe ich mir alles auf und lese es mir ab und zu wieder durch. Aus einer Notiz ist nach all den Jahren ein sehr langes Dokument geworden.

---

[b] Eine weitere Möglichkeit, Gottes Existenz zu erkennen, ist laut Bibel seine Schöpfung, die Erde: »Gott ist zwar unsichtbar, doch an seinen Werken, der Schöpfung, haben die Menschen seit jeher seine ewige Macht und göttliche Majestät sehen und erfahren können. Sie haben also keine Entschuldigung« (Römer 1,20; HFA).

Timothy Keller hat es mal sehr treffend formuliert:

> Komm nicht zum Christentum, weil es relevant ist (obwohl es das sicherlich ist). Komm nicht zum Christentum, weil es aufregend ist (obwohl es absolut so ist). Komm nicht zum Christentum, weil es deine Bedürfnisse erfüllt oder dich glücklicher macht (obwohl es das sicherlich tun wird). Komm, weil es wahr ist! Und weil es wahr ist, wird es deine Bedürfnisse erfüllen, aufregend und relevant sein.
> TIMOTHY KELLER[59]

Predigttipp
Tobias Teichen: *Passen Wissenschaft und Glaube zusammen?*[60]

Q&A 3 WAS IST MIT DEN ANDEREN RELIGIONEN?

TOBI: Oder auch gerne mal so formuliert: »*Woher weiß ich, dass das Christentum das Richtige ist? Es gibt doch noch viele andere Religionen? Hat nicht jede Religion ein bisschen recht?*« Genau, es gibt viele andere Religionen und Weltanschauungen. Aber weißt du, was crazy ist? Das Christentum ist eigentlich etwas völlig anderes als eine Religion. Was ich damit meine: In einer Religion (und leider auch heute noch bei vielen Christen) geht es darum, dass ich durch meine Leistung etwas bei Gott erreiche und bestmöglich alle Regeln einhalte: also eine »Regel-ion« lebe. Hier mal eine Mini-Einführung in die anderen Religionen:

- Im **Islam** versuche ich ein guter Mensch zu sein, indem ich mich an die Gesetze im Koran halte und hoffe, dass mir Mohammed am Ende meines Lebens im Himmel sagt, dass es gereicht hat.

- Im **Buddhismus** versuche ich ebenfalls durch Anstrengung und mentales Training zur »Erleuchtung« zu kommen, um dadurch das Nirwana zu erreichen, was anscheinend nur sehr wenige Menschen schaffen.

- Im **Hinduismus** gibt es verschiedene Kasten. Man bemüht sich, ein guter Mensch zu sein, um es in eine höhere Kaste zu schaffen, bis man hoffentlich eines Tages in die sogenannte *Moksha* kommt (ähnlich wie im Buddhismus).

Das Prinzip ist immer dasselbe: Ich leiste und dadurch bekomme ich etwas, zum Beispiel Gottes Liebe, Erlösung, Leben im Himmel etc. Es gibt dabei zwei Probleme, die Jesus schon damals immer wieder den religiösen Menschen versucht hat zu erklären:

1.) Wenn ich deswegen Geld den Armen spende, damit Gott mich dafür belohnt, wenn ich der alten Frau über die Straße helfe, damit ich später in den Himmel komme, dann ist das genau genommen egoistisch. Es geht in meinem Herzen ja nur um mich, denn ich lebe nach dem Motto: »Check, wieder ein Punkt auf meiner Liste ›Dinge, die mir in der Ewigkeit einen besseren Platz bringen‹ geschafft.« Aber das möchte Jesus eben nicht. Er wünscht sich schöne und liebevolle Herzen, die uneigennützig gute Dinge tun.

2.) Jesus sagt, du kannst es versuchen, durch eigene Leistung in den Himmel zu kommen, aber die Messlatte ist zu hoch. Eine junge Studentin erzählte einmal in einem Gespräch, dass sie ihrer Meinung nach in den Himmel komme, weil sie ein guter Mensch ist. Das Problem: Jesus erklärt, wenn du schon schlecht über jemanden denkst, ist das so, als würdest du ihn töten. Er erklärt das ausführlich in seiner Bergpredigt (Matthäus 5–7). Ich weiß nicht, wie es dir geht, aber dann habe ich schon zahlreiche Menschen umgebracht. Ehrlich: Aus eigener Kraft schafft man das nicht! Du wirst nie gut genug sein. (Auch nicht der Papst und auch nicht Mutter Teresa.)

TOBI: Jesus ist genau deswegen auf die Erde gekommen. Er ist für all unsere Fehler am Kreuz gestorben, damit wir von Gott geliebt sind, in den Himmel kommen und in seiner Gegenwart sein dürfen. Gott hat schon im Voraus alles bezahlt. Wir sind bereits gerettet und geliebt. Und dadurch passiert etwas Wunderbares: Je mehr ich das verstehe, desto mehr werde ich erfüllt von dieser Liebe und kann sie an andere weitergeben. Nicht weil ich muss, nicht weil ich mir dadurch etwas verdiene, sondern aus Freude und Dankbarkeit.

FAZIT: Du kannst, musst aber nicht erst alle Details einer Religion kennenlernen. Im Kern ist das Christentum, wenn es richtig gelebt wird, etwas völlig anderes und unvergleichbar mit jeder anderen Religion. Nicht Leistung führt zu Rettung und Liebe, sondern genau umgekehrt: Weil ich geliebt und gerettet bin, verändert sich mein Leben.

Predigttipp
Timothy Keller: *The Inside Out Kingdom*[61]

Q&A 4 WARUM CHRIST WERDEN, WENN DIE KIRCHEN SO EINEN SCHLECHTEN RUF HABEN?

TOBI: Wenn man in den letzten Jahren von einer Kirche in den Nachrichten gehört hat, waren das oft furchtbare Schlagzeilen. Ich habe selber schon mit einigen Leuten gesprochen, die früher in ihrer Kindheit von ihren Religionslehrern geschlagen wurden oder denen der Pfarrer mit der Hölle gedroht hat, wenn sie mal nicht aufgepasst haben.

Warum sollte man an Gott glauben, wenn sein Bodenpersonal so ein katastrophales Bild abliefert?

Was dort passiert, ist erschreckend und traurig zugleich. Es zeigt einerseits, dass Menschen doch immer fehlerhaft bleiben werden, aber vor allem, dass einige Christen zwar viel über die Bibel wissen, aber dieses Wissen durch eine oft fehlende Beziehung mit Gott ihr Herz nicht verändern durfte.

Ich selber bin alles andere als perfekt. Auch in unserer Kirche ist es schon vorgekommen und wird auch in Zukunft vorkommen, dass Menschen andere Menschen verletzen. Entweder durch Worte oder Taten. Ich möchte dich jedoch ermutigen: Lass dich auf keinen Fall von solchen Ereignissen abhalten, Jesus kennenzulernen! Er ist größer als all das menschliche Versagen auf dieser Erde. Und: Es gibt sehr viele positive Beispiele von Kirchen, die das leben, was sie sagen. Christen, die ein Licht in ihrer Stadt und ihrem Freundeskreis sind. Menschen, bei denen du von außen siehst, dass diese gute Nachricht von Jesus ihr Leben verändert hat. Gib nicht auf, solche Kirchen zu finden oder Christen kennenzulernen.

Q&A 5 WIE WERDE ICH CHRIST?

TOBI: Ich bin ein praktischer Mensch, weniger ein theoretischer Bücherwurm, und deshalb will ich alles ausprobieren. Du auch? Super, dann los: Wie kann ich also in meinem Alltag eine Freundschaft mit Jesus führen? Wie kann ich all das erleben, wovon die Bibel berichtet und was wir dir in diesem Buch erzählen? Hier kommen vier kurze und einfache Tipps für dich.

1. ES BEGINNT MIT EINEM UMKEHRMOMENT.

> Nun **kehrt euch ab von euren Sünden** und wendet euch Gott zu, damit ihr von euren Sünden gereinigt werden könnt.
> APOSTELGESCHICHTE 3,19

Ein erster Schritt kann ein einfaches Gebet sein: »Gott, es tut mir leid, dass ich bisher ohne dich gelebt habe. Ich möchte ab sofort mein Leben von dir, Jesus, bestimmen lassen. Du bist für alle meine Fehler am Kreuz gestorben und hast die Strafe auf dich genommen, damit ich bis in die Ewigkeit in einer Gemeinschaft mit dir leben darf. Dieses Geschenk nehme ich bewusst an und lege mein Leben in deine Hand.«

2. LERNE JESUS BESSER KENNEN.

Dinge, die dir dabei helfen können:
- Suche dir eine Kirche, in der Menschen sind, die dir ähneln und die dir helfen, Jesus besser kennenzulernen (mehr Infos findest du im Anhang »Kirchenfinder«).

- Fang an, gemeinsam mit christlichen Freunden in der Bibel zu lesen (z.B. im Buch Markus), und frage nach, wenn du etwas nicht verstehst.
- Höre dir Predigten an (Tipps findest du im Anhang »Podcast-Vertiefungsmöglichkeiten«).
- Suche dir in deiner Gemeinde eine Smallgroup (Kleingruppe), die sich regelmäßig trifft, wo ihr euch über Alltagsthemen austauschen und gemeinsam Sachen ausprobieren könnt, zum Beispiel zu beten.

> **So findest du eine Smallgroup**
>
> Eine Smallgroup besteht meist aus einer Handvoll Leuten aus deiner Kirche, die ähnliche Interessen haben und mit denen du dich gut verstehst. Das kann zum Beispiel so aussehen: Man trifft sich einmal pro Woche, tauscht sich über aktuelle persönliche Highlights oder Herausforderungen aus, kocht, macht Sport oder unternimmt etwas zusammen. Man schaut sich gemeinsam Texte in der Bibel an, sucht biblische Antworten auf Alltagsfragen und erlebt Gott ganz praktisch im Gebet. Egal, wo du wohnst, lerne Gott nicht alleine kennen! Suche dir in einer Gemeinde in deiner Nähe eine solche Kleingruppe – völlig egal, ob du in eine evangelische Kirche gehst, in eine katholische, in eine Freikirche oder in eine andere Kirche.[a]

---

[a] Falls es weit und breit keine geeignete Gemeinde geben sollte, gibt es auch die Möglichkeit, Teil einer ICF-Church-Online-Smallgroup zu werden. Alle Infos zu Church-Online-Smallgroups findest du auf unserer Website: www.icf-muenchen.de. Allerdings empfehlen wir dir, wenn möglich, immer eine Ortsgemeinde zu bevorzugen. »Ich will den Herrn loben und nie vergessen, was er mir Gutes getan hat« (Psalm 103,2; HFA).

3. GENIESSE DIE ZEIT MIT IHM.

> Ich stehe früh auf, aber fahre erst später ins Büro, weil ich die Zeit mit Gott nutzen möchte.
> NADJA, MANAGERIN

CHRIS: Zeit mit Gott zu nehmen, kann ganz unterschiedlich aussehen. Zum Beispiel Gebet und Bibellesen am Morgen wie Nadja. Andere machen einen Spaziergang oder erleben Gott in der Kunst, beim Sport oder in der Natur. Ich persönlich liebe es, mich einfach mal hinzusetzen und in Ruhe seine Gegenwart zu genießen. Manchmal lese ich einen Psalm in der Bibel und werde dadurch erinnert, wie wunderbar Gott ist. Allein diese Erkenntnis füllt mich mit Freude. Genauso wie die Dankbarkeit, die ich spüre, wenn ich mir bewusst mache, was Gott schon alles für mich getan hat. Dann hole ich eine Liste raus, auf der ich mir aufgeschrieben habe, wofür ich Gott dankbar bin, und muss über den ein oder anderen lustigen Moment schmunzeln. Oft sind es nur die kleinen Geschenke im Alltag, über die man sich freut: die Wärme der Sonnenstrahlen, die Farben des Himmels beim Sonnenuntergang, der Gesang der Vögel und das Meeresrauschen oder der Anblick der Berge. Weiß man nicht, dass es jemanden gibt, von dem all diese wunderbaren Dinge kommen, nimmt man solche Erlebnisse vielleicht für selbstverständlich. Aber zu verstehen, dass Gott nicht umsonst unseren Körper mit Sinnen ausgestattet hat, die hunderttausend verschiedene Klänge, Geschmäcker, Düfte und Farben wahrnehmen können – das ist einfach genial!

> Schmecket und sehet, wie freundlich der Herr ist.
> Wohl dem, der auf ihn trauet!
> PSALM 34,8; LUT

TOBI: Ja, wie großartig ist es, wenn ich zusammen mit Freunden grille und mir der Duft von Steak, Käse und Auberginen in die Nase steigt. All das dann noch mit 'nem guten Glas Wein zu genießen und dabei den Blick in die Ferne schweifen zu lassen! Thank God für diese schönen Momente im Leben! Ich habe mir angewöhnt, mir diese Geschenke von ihm immer wieder bewusst ins Gedächtnis zu rufen und dankbar dafür zu sein, dass er mir meine Sinne gegeben hat, die ich gebrauchen darf.

> **Tool:** *Grateful to God*-Liste
>
> Ein gutes Tool ist es, sich eine Notizliste im Handy anzulegen, in der man Erlebnisse mit Gott festhalten kann. Momente, in denen er sich um mich gekümmert oder mir durch gute Gedanken geholfen hat. Das Aufschreiben ist wichtig, damit man die ganzen Dinge nicht vergisst. Meine Frau schreibt sich fast jeden Tag drei Dinge auf, wofür sie dankbar ist. Am Sabbat holt sie die Liste hervor und erinnert sich daran, was Gott alles Gutes getan hat!

4. ENTDECKE, WAS AM KREUZ PASSIERT IST.

CHRIS: Einmal, nach einem harten Rückschlag in meinem Leben, habe ich ganz direkt zu Gott gebetet: »Vater, liebst du mich?« Ich wollte es von ihm hören, also betete ich ungewohnt etwas fordernder: »Bitte, sag mir mal, dass du mich liebst! Ich brauche jetzt deine Motivation und Liebe!« Daraufhin hatte ich den Gedanken: »Schau dir das Kreuz an!

Also: Schau, was ich für dich getan habe. Mein Sohn ist für dich gestorben. – So sehr liebe ich dich!«[a]

TOBI: Warum hat Jesus sich eigentlich kreuzigen lassen? Genau deswegen. Um dir beweisen zu können, dass er für dich ist und dich liebt.[b]

So ein Tod durch das Kreuz war nicht lustig, es war wirklich die grausamste Art zu sterben, ging langsam und war unglaublich qualvoll. Doch Jesus durchlitt alle diese Qualen und nahm damit die Sünden der kompletten Menschheit auf sich, nur um wieder eine Beziehung zwischen Gott und uns zu ermöglichen. Er hat also nicht nur bewiesen, wie krass er uns liebt, sondern durch seinen Tod ist erst eine Beziehung mit Gott möglich geworden. Dank ihm können wir heute schon einen Vorgeschmack davon erleben, wie es sich anfühlt, in einer engen Gemeinschaft mit dem himmlischen Vater zu leben.[62]

Ich habe selbst erst eine winzige Menge davon begriffen, aber je mehr ich mich damit beschäftige, was Jesus für mich an dem Kreuz getan hat,[63] desto mehr wird mein Herz mit Liebe überschwemmt. Diese Quelle an Liebe erfüllt uns und aus ihrer Fülle können wir unsere Liebe an andere Menschen weitergeben – völlig unabhängig davon, wie unsere Lebensumstände gerade aussehen.

---

[a] Siehe Johannes 3,16. Diese neue Identität als Kind Gottes ist übrigens eine der Wahrheiten, die fest in unserem Kopf gespeichert sein sollten, damit negative, einschränkende Gedanken dort keinen Platz bekommen können.

[b] Jesus hatte im Himmel alles, was man sich vorstellen kann, doch es gab eine Sache, die er vor dem Kreuz nicht hatte, die er aber danach hatte: uns. Also dich und mich! Wir sind so wertvoll für ihn, dass er, um wieder Gemeinschaft mit uns zu haben, diesen heftig schmerzhaften Weg auf sich nahm. »Weil Jesus wusste, welche Freude auf ihn wartete, nahm er den Tod am Kreuz auf sich, und auch die Schande, die damit verbunden war, konnte ihn nicht abschrecken« (Hebräer 12,2; NGÜ).

Q&A 6 WIE KANN ICH GOTTES STIMME HÖREN?

CHRIS: Einer der Meilensteine in meinem Glaubensleben war, als ich zum ersten Mal verstand, dass Beten kein Monolog ist, dass Gott nicht irgendwo auf seinem Platz chillt, sondern Einfluss haben möchte auf mein Leben und mit mir Kontakt haben möchte. Ich erkannte, dass er sich so sehr eine Beziehung mit uns wünscht wie ein Vater mit seinem Kind.

> Mit allem, was er (Gott) tat, wollte er die Menschen dazu bringen, nach ihm zu fragen; er wollte, dass sie – wenn irgend möglich – **in Kontakt mit ihm kommen und ihn finden.** Er ist ja für keinen von uns in unerreichbarer Ferne.
> APOSTELGESCHICHTE 17,27; NGÜ

Für mich war das etwas völlig Neues: Gott kann und möchte zu mir sprechen![64] Ich weiß noch heute, wie ich zum ersten Mal abends auf meinem Bett saß, die Hände faltete, still war und abwartete, ob Gott mir irgendetwas mitteilen will, aber … nichts. Keine Stimme, kein Zeichen. Ich hatte auch keine Ahnung, wie sich Gottes Stimme anhört. Aber seit dem Moment begann ich immer öfter in diversen Situationen zu überlegen: »Was würde Gott jetzt von mir wollen, dass ich jetzt mache?«

Gott redet so, dass du es verstehst, es aber nicht immer als Worte von ihm wahrnimmst: durch eine Person, durch ein Buch, durch deine eigenen Gedanken, durch einen Traum, durch die Natur, durch ein Ereignis in deinem Leben. Ich bin mir sicher, dass Gott schon einige Male mit dir »gesprochen« hat, ohne dass dir bewusst war, dass es Gott war.

Vor allem aber spricht Gott durch die Bibel. Schon sehr oft habe ich beim Lesen der Bibel oder beim Anhören einer Predigt zu einer Bibelstelle einen sehr wichtigen Gedanken bekommen. Manchmal habe ich mich darüber gefreut, manchmal hat es mich nachdenklich gemacht und manchmal habe ich mich darüber aufgeregt. Doch früher oder später fand ich heraus, dass Gott recht hatte. Entscheidend ist, einen Eindruck zu prüfen und ihm nicht nur blind zu folgen. »*Verachtet das prophetische Reden nicht, sondern prüft alles, was gesagt wird, und behaltet das Gute*« (1. Thessalonicher 5,20-21; NLB).

Oft haben mir andere Christen beim Prüfen der Eindrücke geholfen, die schon länger im Glauben unterwegs waren. Bei Albträumen oder Horrorszenarien sollte man misstrauisch werden, ob sie göttlich sind. Das heißt aber nicht, dass Impulse von Gott immer nur *easy-peasy* sind! Sie können dich auch mal herausfordern und zu Veränderungsprozessen führen. Aber immer in Liebe und zum Guten hin. Je mehr ich über Jesus herausfand und je besser ich Gott persönlich kennenlernte, desto deutlicher verstand ich auch seine Gedanken und konnte sie immer besser von meinen unterscheiden. Am Anfang hat mir geholfen, in bestimmten Alltagssituationen einfach mal zu überlegen: »*Was würde Jesus jetzt tun?*«

> **Predigttipps**
> Tobias Teichen: *Wie kann ich Gottes Stimme hören?*[65]
> und Dr. Johannes Hartl: *Gott flüstert*[66]

Q&A 7 WIE FINDE ICH HERAUS, WAS GOTTES PLAN FÜR MEIN LEBEN IST?

TOBI: Um das zu erklären, möchte ich mal mit dir zwei extreme Typen anschauen und wie die diese Frage angehen. Wenn man Gott noch nicht kennt, versucht man nur seine eigenen Pläne zu machen. Das ist aber nicht so einfach. Dieser Typ Mensch fragt sich: »*Was will ich wirklich? Was gibt es überhaupt alles? Was wird sich in den nächsten Jahrzehnten* *verändern?«* Das ist 'ne Menge Holz, was man da beachten muss, und ganz ehrlich: Es ist unmöglich, alle Faktoren miteinzubeziehen. Das Ergebnis: Man verzweifelt früher oder später, wird zynisch oder hat Angst vor Entscheidungen, denn es könnte ja am Ende alles nach hinten losgehen!

Dann lernt man plötzlich Gott kennen und stellt fest, dass es jemanden gibt, der viel größere Sichtweisen hat als man selbst und der einen führt. Schnell fällt man ins andere Extrem, ist total on fire und handelt nach folgendem Muster: *»Gott muss mir genau und haarklein sagen, was ich in allen meinen Lebensbereichen machen soll!«* Dann kann es passieren, dass du monatelang auf ein bestimmtes Zeichen wartest. Aber so geht wertvolle Zeit verloren. Ich kenne jemanden, der will eine Kirche gründen, aber weiß nicht, wo. Anstatt einfach mal anzufangen, wartet er seit Jahren auf ein ganz klares Zeichen. Und wenn er nicht gestorben ist, dann wartet er noch heute!

DESHALB: Warte nicht darauf, dass ein Stück Papier mit deinem exakten Karriereplan vom Himmel fällt.[67] Gott hat uns Weisheit geschenkt, damit wir selbst gute Pläne machen können.[a] Versuche dabei die Extreme auf einen guten Mittelweg zu bringen: Du darfst und sollst dir Pläne machen, aber mach diese Pläne nicht alleine – bezieh deinen Gott bei allem mit ein! Das kann ein kurzer Moment der Stille sein oder auch Gedanken während eines Gebets auf einem leeren Blatt Papier aufzuschreiben.

> Vertraue dem Herrn an, was du vorhast, dann werden deine Pläne gelingen.
> SPRÜCHE 16,3; NGÜ

---

[a] Ich glaube, es ist wichtig, im Hinterkopf zu behalten, dass der Heilige Geist von Jesus als Berater, Helfer, Beistand (Unterstützer) beschrieben wird und nicht als Marionettenspieler, der immer genau bestimmt, was du tun sollst.

Falls ich bei einem Thema mal keinen bestimmten Eindruck beim Beten, Bibellesen oder Predigthören bekommen sollte, gehe ich einfach mal los. Ein stehendes Schiff kann man nicht lenken. Ich habe schon oft erlebt, dass Gott mich beim Losgehen geführt und mir spätestens auf dem Weg gute Ideen geschenkt hat.

> **Predigttipp**
> Chris Rossmanith und Patrick Sandweg: *Wer berät dich im Alltag?*[68]

Q&A 8 ICH HABE ANGST, EINE ENTSCHEIDUNG ENTGEGEN GOTTES PLAN ZU TREFFEN. WAS SOLL ICH TUN?

CHRIS: Vielleicht sagst du: »Ich weiß nicht, was Gott von mir will, deswegen mache ich erst mal nichts.« Dazu musst du Folgendes wissen: Du darfst und sollst Entscheidungen treffen und bist auch dafür verantwortlich. Aber die gute Nachricht ist: Gott hält uns in seiner Hand und kann auch deine schlechten Entscheidungen nutzen. Ein gutes Beispiel ist die Geschichte von Josef. Er entscheidet sich, vor seinen Brüdern zu prahlen, woraufhin die ihn versklaven. Gott nutzt auch das und bringt ihn aus dem Gefängnis ins Königshaus. Auf dem Weg dorthin schleift Gott sein Herz und Josef wird später sogar Berater des Königs.[69] Das bedeutet: Auch wenn wir mal eine schlechte Entscheidung treffen sollten, kann Gott das alles nutzen. Wenn wir verstehen, dass wir in Gottes Hand sind, dürfen wir uns lockermachen! Durch diese Gewissheit, dass Gott in control ist, können wir wie Paulus im Sturm[70] in unseren stürmischen Zeiten ruhig bleiben und dadurch weise Entscheidungen treffen, die den Tag retten.

> **Predigttipp**
> Timothy Keller: *Your Plans, God's Plan*[71]

Q&A 9 WARUM PASSIEREN NEGATIVE SACHEN, WENN ES GOTT GIBT?

TOBI: Seit ich Christ bin, ist alles wunderschön! Ich tanze nur noch durch mein Leben und um mich herum ist eine glücklichen Happy-Welt! NEIN! Nur weil ich Christ bin, bedeutet das nicht, dass ab sofort immer alles wunderbar läuft, ich nie krank werde oder einen Schicksalsschlag erlebe. Dunkle Täler können kommen! Aber es gibt einen mega Unterschied: Du gehst als Christ nicht alleine da durch:

> Auch wenn es durch dunkle Täler geht, fürchte ich kein Unglück, denn du, Herr, bist bei mir.
> PSALM 23,4; HFA

Passiert was Schlimmes, werden Menschen aus ihrer Happy-Christian-Sunshine-Welt gerissen, dann werden manche sauer auf Gott. Sie geben ihm die Schuld und fragen: »*Warum hast du nichts gemacht?*« Gott ist aber nicht der Gegner, er ist derjenige, der mit dir trauert, er ist bei dir, liebt dich, geht mit dir und möchte dir vor allem in diesem Schmerz begegnen. Er wird in der Bibel als Heiler, Tröster, Ratgeber und Retter beschrieben. Egal, was auch passiert, solange wir an Gottes Seite bleiben, ihn suchen, uns von ihm ermutigen, lieben, helfen und führen lassen, bin ich davon überzeugt, dass er Licht in jede noch so unglückliche Situation bringen kann.

> **Predigttipps**
> Tobias Teichen: *Warum und wie lange noch, Gott?*[72]
> und Jens Koslowski: *Wie kann ein liebender Gott Leid zulassen?*[73]

Q&A 10 WENN ES NICHT LÄUFT: MUSS ICH DANN MEHR TUN ODER MEHR AUF GOTT VERTRAUEN?

CHRIS: Vielleicht bewirbst du dich gerade für eine Ausbildung, suchst einen Job, eine Freundin, einen Freund oder eine Wohnung. Und plötzlich kommen die Hindernisse. Du bekommst Absagen oder dein Plan geht nicht auf. Manchmal lässt man sich von dem Hindernis einschüchtern und gibt auf *(»Es sollte nicht sein«)*. Wenn dir ein bestimmtes Ziel wichtig ist, zum Beispiel die theoretische Fahrschulprüfung zu bestehen, kommt nach dem zweiten Mal Durchfallen vielleicht folgende Frage: *»Muss ich mehr machen? Oder mehr auf Gott vertrauen?«* Schaut man in die Bibel, stellt man fest, dass beides wichtig ist. Und das hat nichts mit »Regel-ion« zu tun!

1. DEIN HANDELN MACHT EINEN UNTERSCHIED.

Es macht einen Unterschied, ob du für eine Prüfung lernst oder nicht. Es ist ein ausschlaggebendes Kriterium, ob du eine gute Bewerbung für einen Job abschickst oder nicht. Es macht einen Unterschied, ob du rechtzeitig aufstehst oder jeden Tag bis mittags schläfst. Es wird unterschiedliche Auswirkungen haben, ob du deine ganze Zeit vor Bildschirmen mit Zocken verbringst oder sie gut investierst.

> Wer seinen Acker bebaut, wird Brot genug haben;
> wer aber nichtigen Dingen nachgeht, wird Armut
> genug haben.
> SALOMO, SPRÜCHE 28,19; LUT[a]

Das Prinzip aus diesem Vers ist ganz einfach. Wenn du etwas anpflanzt, wirst du auch etwas ernten. Es gibt Dutzende Stellen in der Bibel, die zeigen, dass Arbeiten und Fleißigsein wichtig ist.[b] Schaut man sich einflussreiche Christen wie Billy Graham, Corrie ten Boom, Craig Groeschel oder Christine Caine an, wirst du immer wieder feststellen, dass sie hart für ihren Traum gearbeitet haben.

»Bete so, als würde jedes Arbeiten nichts nutzen, und arbeite so, als würde jedes Gebet nichts nutzen«, sagte Martin Luther. Was ich bei meinem New-York-Erlebnis lernte: Nur weil irgendwo erst mal eine Tür zugeht, heißt das noch nicht zwingend, dass dieses Ziel nicht Gottes Wille ist. Manchmal muss man an seinem Ziel dranbleiben. Paulus beschreibt in einem Brief an eine Gemeinde in Griechenland, dass er vorhatte, sie zu besuchen:

> Wir waren fest dazu entschlossen, und ich, Paulus,
> versuchte es sogar mehrmals. Aber bisher hat der
> Satan alle diese Pläne durchkreuzt. Doch wir werden nicht aufgeben.
> 1. THESSALONICHER 2,18-19; NLB

Also: Sei wie Paulus. Gib nicht so schnell auf bei dem, was du tust, nur weil es am Anfang nicht klappt. Sei mutig und kämpfe!

---

[a] Siehe auch 2. Timotheus 2,6.
[b] Sprüche 12,27; 13,4; 10,4; 12,24; 24,30-34.

2. VERTRAUE VOLLKOMMEN AUF GOTT.

Wenn ich bei meinen Zielen immer versuche aus eigener Kraft zu kämpfen, werde ich bei all den Herausforderungen und Hindernissen schnell ausgebrannt sein und kapitulieren. Manchmal sind Ziele so groß, dass ich sie auch gar nicht aus eigener Kraft schaffen kann. Das Geheimnis besteht darin, vollkommen auf Gott zu vertrauen und sich jeden Tag aufs Neue in Auftankmomenten von ihm Kraft schenken zu lassen (Kolosser 1,28-29).

> So spricht der Herr: Verflucht sei, wer sich von mir abwendet und sich nur noch auf Menschen oder seine eigene Kraft verlässt. Der ist wie ein kümmerlicher Wacholderstrauch in der Wüste, der versucht, auf salzigem, unfruchtbarem Boden zu wachsen – er wird nicht viel Glück haben. Aber Segen soll über den kommen, der seine ganze Hoffnung auf den Herrn setzt und ihm vollkommen vertraut.
> JEREMIA 17,5-8; NLB

Bei mir entsteht dieses Vertrauen auf Gott durch meine Gebetszeiten. Ganz praktisch bedeutet das: Ich bitte Gott um Hilfe und mache mir zum Beispiel mithilfe von Psalmen bewusst, wie groß Gott ist und dass ihm nichts unmöglich ist. Dadurch werde ich wieder zuversichtlich, weil ich weiß und darauf vertraue, dass Gott ...

- ... mir zur richtigen Zeit eine gute Idee schenken wird, wenn ich brainstorme und mit ihm Pläne mache.
- ... mir Ermutigung und Kraft gibt, wenn ich mal zu schwach für eine Extrameile bin.
- ... ein Wunder tut.

Und selbst wenn alle diese Möglichkeiten nicht eintreffen sollten, habe ich eine feste Zuversicht, dass Gott eine Alternative hat oder mein Leben auch ohne dieses Ziel gut sein wird. Für mich ist das Wichtigste, in Gottes Nähe zu bleiben. Solange ich das tue, kann ich mit einem zuversichtlichen Lächeln nach vorne schauen, egal was passiert.

> **Predigttipp**
> Chris Rossmanith und Boas Kliebisch: *Discover the fighter in you*[74]

DANKE

Es gab eine Zeit, da haben wir das Gefühl gehabt, dass wir »berufen« wurden, dieses Buch zu schreiben! Zum Glück gab es eine Menge Menschen, die uns dabei unterstützt haben, damit dieses Projekt Realität werden konnte. Ohne euch wäre das nicht möglich gewesen. Deshalb geht unser Dank an dieser Stelle an:

Meine Familie, Frauke und Bene – Ich liebe unsere Familienzeiten und unseren Sabbat. Das sind die Momente, in denen ich Kraft tanken kann und Power bekomme! (Auch um solche Bücher zu schreiben!)

Clemens Lutter – Gott hat dir wirklich einen Blumenstrauß an Begabungen überreicht! Dazu gehört auch, die Projektorganisation eines Buches zu leiten! Danke, Clemens, dass du immer den Überblick hattest und uns supportet hast!

Claudia Elsen und Rebekka Klitscher – Durch eure große Begabung, Gedanken in liebevolle Worte zu verpacken, ist dieses Buch erst zu dem geworden, was es jetzt ist! Vielen Dank für euer Herz, euren Humor und eure großartige Unterstützung beim Schreiben.

Annalena Pabst und das ganze Team vom SCM Verlag. Ihr seid uns eine gigantische Hilfe gewesen! Danke für alle Extrameilen, die ihr mit uns gegangen seid, all eure konstruktiven Ideen und Anmerkungen, die das Buch weitergebracht haben!

Sophia Lasson und Annika Kloska – Eure Kreativität ist wirklich ein Geschenk von Gott! Euer Design macht das Lesen dieses Buches auch zu einer optischen Freude! Danke an Johannes, Jonathan, Simon, Esther und das Creative Team vom ICF. Ihr seid Genies! Vielen Dank für all eure genialen Ideen und eure Begabungen, die ihr in dieses Projekt miteingebracht habt.

Timothy Keller – Deine Predigten haben uns maßgeblich inspiriert. Viele Gedanken von dir sind in dieses Buch eingeflossen.

Das Research-Team – Ihr seid unsere Recherche-Talente und habt uns beim Schreiben durch so viele wichtige Fakten und theologische Nuggets unterstützt.

Ruth, Natalie, Ralf, Anna, Volker und Johannes – Danke für eure Zeit, eure Ideen und Geschichten, die ihr mit uns geteilt habt!

Johanna, Markus, Selam, Stefanie, Severin, Jeff, Marina, Ann-Christin, Janina, Fabi, Antonia, Sarah und Daniel – Danke fürs gemeinsame Überarbeiten der ersten Versionen und euer Feedback. Viele eurer guten Gedanken haben dieses Buch geprägt und geformt.

Und natürlich an unsere gesamte **ICF-Family** – Ihr habt uns inspiriert, dieses Buch zu schreiben! Danke für eure Ideen und Gespräche über dieses Thema. Wir lieben es, wie ihr mit Jesus unterwegs seid!

Last, but absolutely not least danken wir dir:

JESUS!
Du bist der Mittelpunkt bei allem, was wir tun! Du hast uns in diesem Projekt immer wieder neue Kraft geschenkt, uns geholfen, Hindernisse zu überwinden, und uns Tag für Tag mit deiner Liebe aufgefüllt!

Liebe Leserin, lieber Leser,
vielen Dank, dass du dir die Zeit genommen hast, dich mit diesem Thema zu beschäftigen. Es ist unser Gebet, dass die Gedanken und Geschichten ein Segen für deinen weiteren Lebensweg sein werden. Wenn dir das Buch gefallen hat, würden wir uns sehr über deine positive Bewertung im Buchshop oder eine Weiterempfehlung an Freunde freuen, damit noch weitere Menschen ermutigt werden, sich mit dem Thema auseinanderzusetzen. Danke schön!

Tobias und Christian

ANHANG

PODCAST-VERTIEFUNGSMÖGLICHKEITEN

Hier ist eine Auswahl an grandiosen Podcasts, die dir helfen, noch tiefer in das Thema einzusteigen.

Du möchtest mehr über den Glauben erfahren? Auf unserer Website findest du Hunderte Podcasts zu vielen der im Buch angesprochenen Themen:

www.icf-muenchen.de

Kritische Fragen zum Glauben? Diese Seite enthält viele spannende Vorträge von Theologen und Wissenschaftlern:

www.begruendet-glauben.org

Du bist eher der intellektuel-philosophische Typ? Schau dir die Videos von Johannes Hartl auf seinem YouTube Kanal oder der Website vom Gebetshaus an.

https://gebetshaus.org/medien/podcasts/

Eher ein Buch gefällig? Ein paar Leseempfehlungen findest du am Ende dieses Buches.

KIRCHENFINDER

Neugierig? – Lerne coole Kirchen kennen!
Du hast Fragen zum Glauben oder möchtest mehr darüber erfahren? Du bist in eine neue Stadt gezogen und hast noch keine passende Gemeinde gefunden? Wir empfehlen dir eine zeitgemäße und lebendige Kirche sowie eine Kleingruppe in deiner Nähe zu finden. Auf folgender Website findest du heraus, welche Kirche in deiner Nähe ist.

www.nächster-gottesdienst.de

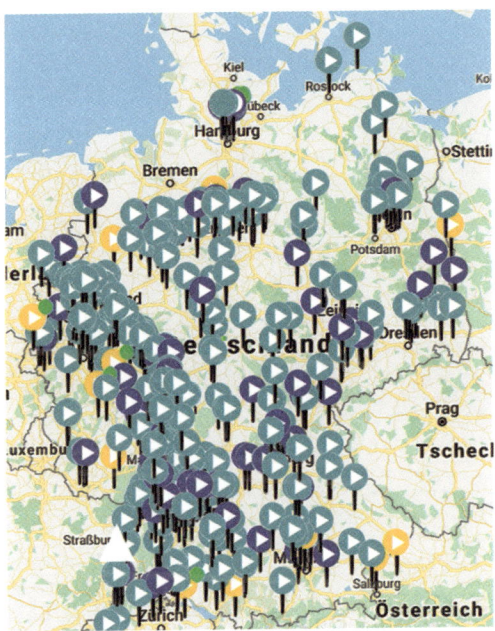

Keine passende Kirche in deiner Nähe gefunden? Kein Problem, einige Kirchen wie z.B. das ICF München bieten inzwischen auch Online Groups an, wo du dich mit anderen Christen connecten kannst. Online Groups findest du z.B. hier:

www.icf-muenchen.de

ANMERKUNGEN

1. Das Intro ist in Anlehnung an das Buch »Faszination Mensch« von Werner Gitt entstanden (CLV 2015).
2. Zugegeben, es ist manchmal herausfordernd, sich mit den großen Wie-Themen des Lebens auseinanderzusetzen. Aber wenn man einmal ein Thema verstanden hat, dann kann man einen Haken dahinter machen und muss nicht andauernd wieder darüber nachdenken. »Glücklich (ist) der Mensch, der Weisheit gefunden hat, der Mensch, der Verständnis erlangt!« (Sprüche 3,13; ELB).
3. Keller, Timothy: Der zugewandte Jesus. Unerwartete Antworten auf die großen Fragen des Lebens, Basel: Brunnen 2014, S. 31.
4. Den Text kannst du nachlesen in Matthäus 5,14-16; NGÜ.
5. Reichtum und Macht an sich sind nichts Schlechtes, das finden wir in der Bibel zum Beispiel hier: »Du verleihst Reichtum und Ehre, du allein bist der Herr. In deiner Hand sind Macht und Stärke; du kannst Menschen groß und mächtig machen« (1. Chronik 29,12; HFA). Die Gier nach Geld und Macht ist das Problem.
6. Alle Statements von Barack Obama, der damals Präsident der USA war und sich 2016 einem Q&A mit jungen Menschen in London stellte, kannst du hier nachhören, gesammelt vom BBC: URL: https://www.bbc.com/news/newsbeat-36120879 (zuletzt aufgerufen am 02.09.2021).
7. Prediger 1,3; NLB.
8. Siehe dazu 1. Korinther 12,31.
9. In Anlehnung an Timothy Keller: Vocation. Discerning your Calling. Podcast vom 17.05.2011. URL: https://gospelinlife.com/downloads/vocation-discerning-your-calling (zuletzt aufgerufen am 02.09.2021).
10. Siehe 1. Könige 5,29 sowie: http://www.deadseascrolls.org.il/explore-the-archive/search#q='kings' (zuletzt aufgerufen am 02.02.2021).
11. Es gib viele Indizien, dass Salomo das Buch »Prediger« (Kohelet) geschrieben hat. Es kann allerdings auch sein, dass es ein anderer Sohn Davids war, der als König in Jerusalem regierte, siehe Prediger 1,1. Welcher König genau dieses Buch verfasst hat, ist meiner Meinung nach auch gar nicht so wichtig. Entscheidend ist, was er gesagt hat. Das Buch »Sprüche« kann in großen Teilen Salomo zugeordnet werden (siehe Sprüche 1,1; 10,1; 25,1) sowie einigen weiteren Verfassern, wie zum Beispiel Agur (Sprüche 30,1).
12. Nachzulesen in Sprüche 4,25-26; NGÜ. Hier geht es darum, auf dem moralisch richtigen Weg zu bleiben. Der Vers aus Sprüche 4,26 wird später von Paulus zitiert: »… und lenkt eure Schritte entschlossen in die richtige Richtung« (Hebräer 12,13; NGÜ). Vom Weg abzukommen würde bedeuten zu sündigen (Sünde = gr. »hamartia«), am Ziel vorbei, also mit dem Lebensstil das Ziel verfehlen.
13. Zu finden auf: http://www.parents.com/parenting/celebrity-parents/moms-dads/interview-with-shawn-johnson-olympics-gymnastics (zuletzt aufgerufen am 02.09.2021).
14. »Ihr kennt das doch: Von allen Läufern, die im Stadion zum Wettlauf starten, gewinnt nur einer den Siegeskranz. Lauft so, dass ihr ihn gewinnt! Wer im Wettkampf siegen will, setzt dafür alles ein. Ein Athlet verzichtet auf vieles, um zu gewinnen. Und wie schnell ist sein Siegeskranz verwelkt! Wir dagegen kämpfen um einen unvergänglichen Preis« (1. Korinther 9,24-25; HFA). In dieser Aussage von Paulus entdeckt man das Prinzip des Verzichts: Ein hohes Ziel erreichen zu wollen, erfordert bestimmte Einschnitte. Dieses Prinzip kann auf deinen Alltag übertragen werden. Es gibt noch ein Ziel, das größer ist als jede Goldmedaille: Menschen von Jesus zu berichten und ihnen damit das ewige Leben bei Gott zu ermöglichen (Vers 22-23).
15. Siehe dazu: »Und er sagt: Macht Bahn, macht Bahn! Bahnt einen Weg! Beseitigt jedes Hindernis aus dem Weg meines Volkes!« (Jesaja 57,14; ELB). Siehe auch Jesaja 62,10.
16. Im Alten Testament findet man eine Situation, bei der ebenfalls ein Plan nicht sofort aufging, nämlich als Mose den Pharao überreden soll, das versklavte Israel freizulassen. Nach-

dem Mose bei ihm war, verschlimmert sich die Situation nur noch, und selbst die Israeliten werden nun auf Mose wütend. Da der Plan nicht sofort aufgeht, beginnt Mose an sich zu zweifeln: »Ich bin einfach ein zu schlechter Redner« (2. Mose 6,12; HFA). Bis Mose sein Ziel erreicht und mit Israel in Kanaan ankommt, gibt es immer wieder Rückschläge (zum Beispiel als der Pharao kurz davor ist, sie alle in der Wüste umzubringen). Manchmal sind die Israeliten begeistert, manchmal machen sie Mose schwere Vorwürfe. Aber Mose gibt nicht auf, vertraut Gott, bleibt fokussiert und ermutigt die Menschen (siehe dazu 2. Mose 14,13; HFA).

17 Robert Madu: Danger of Comparison. URL: https://youtu.be/EUtKQOVXgn4 (zuletzt aufgerufen am 01.07.2021).
18 Siehe auch: »Nur sei recht stark und mutig, dass du darauf achtest, nach dem ganzen Gesetz zu handeln, das mein Knecht Mose dir geboten hat! Weiche nicht davon ab, weder zur Rechten noch zur Linken, damit du überall Erfolg hast, wo immer du gehst!« (Josua 1,7; ELB).
19 Timothy Keller: A broken Wall. Podcast vom 28.11.2004. URL: https://gospelinlife.com/downloads/a-broken-wall-5388/ (zuletzt aufgerufen am 02.09.2021).
20 »Er war von Anfang an ein Mörder und stand nie auf dem Boden der Wahrheit, weil es in ihm keine Wahrheit gibt. Wenn er lügt, redet er so, wie es seinem ureigensten Wesen entspricht; denn er ist ein Lügner, ja er ist der Vater der Lüge« (Johannes 8,44; NGÜ).
21 Man muss ihm nicht so viel Beachtung schenken, weil Gott größer ist. Der Teufel ist nicht das Gegenstück zu Gott, also böse vs. gut. Er ist eine Schöpfung von Gott, die sich gegen ihn gewandt hat. Eine der bekanntesten Geschichten ist Hiob (daher kommt der Begriff »Hiobsbotschaften«), in der der Teufel Hiob erheblichen Schaden zufügt, aber Gott dafür erst um Erlaubnis bitten muss: »Der Herr entgegnete ihm: Ich erlaube es dir! Greif seine Gesundheit an, doch lass ihn am Leben!« (Hiob 2,6; HFA). Falls du das komisch finden solltest, warum Gott so etwas zulässt, ist das verständlich. Ich fand das auch komisch. Aber ich empfehle dir zum Beispiel die Predigt »Questions of Suffering« von Timothy Keller, die einen guten Einblick in das Thema gibt. URL: https://www.youtube.com/watch?v=XCzd0qF3Mlg (zuletzt aufgerufen am 02.09.2021).
23 Das Originalwort, das Salomo benutzt, kann mit »Ruhe« oder »Erholung« übersetzt werden. Siehe dazu: http://biblehub.com/hebrew/5183.html (zuletzt aufgerufen am 02.09.2021).
24 Ein empfehlenswertes Buch, das Studienergebnisse und Beispiele zusammenfasst, ist »Overachievement: The New Science of Working Less to Accomplish More« von John Eliot.
25 Durch Jesus am Kreuz müssen wir nicht mehr wie die Juden alle Gebote des Sabbats einhalten (siehe zum Beispiel Kolosser 2,16). Das Prinzip, das der Sabbat symbolisiert, nämlich in Gottes Ruhe zu kommen, Zeit für uns und für Gott zu haben etc., ist aber nach wie vor ein göttliches Prinzip (siehe Hebräer 4).
26 »Und er fuhr fort: Der Sabbat wurde zum Wohl des Menschen gemacht und nicht der Mensch für den Sabbat« (Markus 2,27; NLB).
27 »Lasst euren Aufruhr und erkennt, dass ich allein Gott bin, hoch erhaben über alle Völker, geehrt in aller Welt. Der allmächtige Herr ist mit uns, der Gott Jakobs ist für uns eine sichere Burg« (Psalm 46,11-12; NGÜ). In anderen Worten: »Lasst all euren Stress mal sein und macht euch am Sabbat wieder bewusst, dass ich Gott bin.« Nimm dir Zeit zu verstehen, dass Gott als Vater dich nie verlässt (sichere Burg) und dass er sich um dich kümmert. Jesus sagt sinngemäß in Matthäus 6: »Siehst du nicht, wie Gott sich um die Vögel und die Lilien kümmert? Weißt du denn nicht, wie viel wertvoller du für ihn bist? Also mach dir keine Sorgen um dein Leben und gönn dir Ruhe.« Ich erlebe immer wieder, dass ich nach einem Sabbat mit einem klaren Kopf, gut erholt und mit neuer Energie in die Woche starten kann, weil ich meine Sorgen an Gott abgeben konnte.
28 Timothy Keller: Work and Rest. Podcast vom 23.03.2003. URL: https://gospelinlife.com/downloads/work-and-rest-5314 (zuletzt aufgerufen am 02.09.2021).
29 Auch Jesus nahm sich trotz seiner wichtigen Mission Zeit, auf die Hochzeitsfeier von Freunden zu gehen. Oder hier: »Schmecket und sehet, wie freundlich der Herr ist. Wohl dem, der auf ihn trauet!« (Psalm 34,8; LUT).

[30] »Lobe den Herrn ... und vergiss nicht, was er dir Gutes getan hat« (Psalm 103,2; LUT).
[31] Wenn dich das mehr interessiert, hier ein schöner Artikel zur Facebook-Gründung: https://www.omsag.de/online-marketing-blog/social-media/es-war-einmal-die-entstehungsgeschichte-von-facebook/ (zuletzt aufgerufen am 02.09.2021).
[32] Nachzulesen in 1. Könige 12,1-9.
[33] Falls du denkst, es ist falsch, als Christ Vermögen aufzubauen, schau hier: In 5. Mose 8,18 wird zum Beispiel beschrieben, dass Gott seinem Volk die Kraft geschenkt hat, Vermögen aufzubauen. Siehe auch Sprüche 12,27. Reichtum ermöglicht ein großes Geben. Die Gier nach Geld, die den Fokus auf irdische Schätze legt, ist das Problem, nicht Vermögen an sich.
[34] Ziemlich einfach zu sehen, ist dieses Prinzip bei bestimmten Spielen, wie dem »Seenotspiel«. Dabei muss man in kurzer Zeit eine Reihe von Gegenständen nach ihrer Wichtigkeit zum Überleben bei einer Seenot ordnen (Angel, Trinkwasser, Spiegel etc.). Zunächst macht man das alleine, dann in Kleingruppen und zum Schluss alle zusammen. Das Ergebnis wird dann mit der Musterlösung von amerikanischen Experten der Seefahrt verglichen. Als wir dieses Spiel in der Uni ausprobierten, waren die Ergebnisse aus der Gesamtlösung sowie aus den Kleingruppenrunden immer besser als die von Einzelpersonen. Das gleiche Spiel gibt es übrigens als NASA-Spiel und als Wüstenspiel.
[35] Siehe dazu auch den Leadership-Podcast von Tobias Teichen: Leadership 1x1: Wie sag ich's nur? – Feedback nehmen, aber wie? Podcastfolge vom 17.05.2021, URL: https://open.spotify.com/episode/59DUYNLTq06tKulU2Xje5R. Sowie Podcastfiolge vom 18.04.2021, URL: https://open.spotify.com/episode/4YtO1ViTVyaar1Kq6XggXw (zuletzt aufgerufen am 02.09.2021).
[36] Einen Gedanken geistlich zu prüfen, bedeutet für mich, eine Predigt zu diesem Thema anzuhören, zu beten, nachzulesen, was die Bibel dazu sagt, und christliche Freunde zu fragen.
[37] Zitiert in: http://www.realtotal.de/cr7-langst-nicht-satt-dass-ich-alles-geben-werde-kann-ich-garantiere (zuletzt aufgerufen am 02.09.2021).
[38] Siehe dazu 1. Mose 2,7; Jesaja 43,1; 54,5.
[39] Die gesamte Story kannst du nachlesen in Hesekiel 16.
[40] Manche Leute vertreten die Ansicht, Jesus hätte nie erklärt, Gottes Sohn zu sein. Dabei vergessen sie: Dass Jesus behauptet hat, Gottes Sohn zu sein, war überhaupt erst der Grund, weshalb er getötet wurde: »›Aber bald kommt die Zeit, in der der Menschensohn zur Rechten des allmächtigen Gottes sitzen wird.‹ Da riefen alle: ›Dann behauptest du also, Gottes Sohn zu sein?‹ Und er erwiderte: ›Ihr sagt es selbst; ich bin es.‹ ›Wozu brauchen wir da noch Zeugen?‹, schrien sie. ›Wir haben es ihn selbst sagen hören.‹« (Lukas 22,69-71; NLB).
[41] Jesus wurde von Gott verlassen: »Mein Gott, mein Gott, warum hast du mich verlassen?« (Markus 15,34; NLB).
[42] Gott hat sich also vom Alten bis zum Neuen Testament nicht verändert, sondern sein Bund mit uns hat sich verändert. Also die Art der Beziehung zwischen ihm und uns Menschen. Im Alten Bund wurden die Menschen für ihre Treue belohnt und für ihre Fehler bestraft. Im Neuen Bund hat Jesus die Strafe für unsere Fehler selbst auf sich genommen, damit wir immer in der Beziehung mit Gott bleiben können, auch wenn wir Fehler machen.
[43] »Ebenso (nahm er) auch den Kelch nach dem Mahl und sagte: Dieser Kelch ist der neue Bund in meinem Blut, das für euch vergossen wird« (Lukas 22,20; ELB). Das sagte Jesus, am Abend bevor er von den Soldaten verhaftet und gekreuzigt wurde. Jesus wollte am letzten Abend den Jüngern zeigen, was er mit seinem Tod bewirken wird. Er ist der Grund, weshalb wir (wieder) eine Beziehung mit Gott haben können.
[44] Text & Musik: Oliver Dittrich & Wigald Boning, © 1995 SATV Group Germany GmbH, Berlin.
[45] Siehe dazu den Wikipedia-Eintrag »List of Christians in science and technology«. URL: https://en.wikipedia.org/wiki/List_of_Christians_in_science_and_technology (zuletzt aufgerufen am 02.09.2021).
[46] Jesus hat gesagt: »Du sollst den Herrn, deinen Gott, lieben von ganzem Herzen, mit ganzer Hingabe und mit deinem ganzen Verstand!« (Matthäus 22,37; HFA). Und: »Liebe deine Mitmenschen wie dich selbst!« (Lukas 10,27; HFA). Das ist das Wichtigste, das ist

es, worum es im Leben geht. In einer Liebesbeziehung mit Gott werde ich erfüllt mit der Liebe, die ich brauche, um im Leben anderer einen Unterschied zu machen.

47 Siehe auch Psalm 139,16 oder Jesaja 49,1.
48 Bernhard von Clairvaux ist nicht nur für diesen Text, sondern auch für die Kreuzzüge bekannt. Jetzt könnte man sagen, warum zitierst du so einen Menschen? Kreuzzüge waren mit das Schrecklichste, wofür Menschen den Namen Jesus Christus jemals missbraucht haben. Trotzdem hat mir dieser Text von Clairvaux sehr geholfen. Wenn wir nur dann eine Aussage von jemandem akzeptieren (zum Beispiel einem Pastor), der perfekt ist, werden wir am Ende nicht eine einzige Person finden. Paulus hat gesagt: »Prüft jedoch alles und behaltet das Gute!« (1. Thessalonicher 5,21; HFA).
49 »Aber am letzten, dem höchsten Tag des Festes trat Jesus auf und rief: Wen da dürstet, der komme zu mir und trinke! Wer an mich glaubt, von dessen Leib werden, wie die Schrift sagt, Ströme lebendigen Wassers fließen« (Johannes 7,37-38; LUT). Oder: »Der Dieb kommt nur, um zu stehlen und zu schlachten und zu verderben. Ich (aber) bin gekommen, damit sie Leben haben und es in Überfluss haben« (Johannes 10,10; ELB).
50 Koch, Samuel: Zwei Leben, Gröbenzell: Adeo 2012.
51 »›Denn der Menschensohn wird vieles erleiden müssen‹, sagte er (Jesus), ›und wird von den Ältesten, den führenden Priestern und den Schriftgelehrten verworfen werden; er wird getötet werden und drei Tage danach auferstehen‹« (Lukas 9,22; NGÜ). Siehe dazu auch Matthäus 27,62-66; 20,19; 17,23 oder Markus 9,31; 10,45.
52 Siehe dazu 1. Korinther 15,5-7 und Johannes 20-21.
53 1. Korinther 15,20-22.32.54. Siehe auch 2. Timotheus 1,10. Ankündigung im Alten Testament zum Beispiel hier: Jesaja 25,8.
54 Paulus sagt das zum Beispiel hier: »Hätte ich mich wohl in Ephesus in Lebensgefahr begeben, wenn ich nicht an die Auferstehung glauben würde? Wenn die Toten nicht auferstehen, dann haben alle recht, die sagen: Lasst uns essen und trinken, denn morgen sind wir tot!« (1. Korinther 15,32; HFA).
55 Timothy Keller: Hope, Race and Power. Podcast vom 25.04.2004. URL: https://gospelinlife.com/downloads/hope-race-and-power-5357/ (zuletzt aufgerufen am 02.09.2021).
56 Koch, Samuel in: Andreas Boppart (Hrsg.): Hoffnung. Zuversicht in Zeiten von Corona, Holzgerlingen: SCM Hänssler 2020, S. 85-93.
57 Timothy Keller: Friendship. Podcast vom 29.05.2005. URL: https://gospelinlife.com/downloads/friendship-5396/ (zuletzt aufgerufen am 02.09.2021).
58 Zum Vertiefen siehe auch: Markus Spieker: Jesus: Eine Richtigstellung. Podcast vom 21.09.2020. URL: https://youtu.be/-imtBVXMxck (zuletzt aufgerufen am 02.09.2021).
59 Tobias Teichen: Das Geheimnis des Heiligen Geistes. Predigt vom 04.11.2019. URL: https://www.youtube.com/watch?v=rOKcGFelaRQ&t=1s11/2019 (zuletzt aufgerufen am 02.09.2021).
60 Zum Vertiefen: Tobias Teichen: Passen Wissenschaft und Glaube zusammen? Predigt vom 13.01.2020. URL: https://www.youtube.com/watch?v=niCoF3zG97o (zuletzt aufgerufen am 02.09.2021).
61 Timothy Keller: The Inside Out Kingdom. Predigt vom 17.09.2015. URL: https://www.youtube.com/watch?v=1OkWF6UU8lU (zuletzt aufgerufen am 02.09.2021).
62 »Denn dank Jesus Christus haben wir alle – Juden wie Nichtjuden – durch ein und denselben Geist freien Zutritt zum Vater. Ihr seid jetzt also nicht länger Fremde ohne Bürgerrecht, sondern seid – zusammen mit allen anderen, die zu seinem heiligen Volk gehören – Bürger des Himmels; ihr gehört zu Gottes Haus, zu Gottes Familie. ... Durch Christus seid auch ihr in dieses Bauwerk eingefügt, in dem Gott durch seinen Geist wohnt« (Epheser 2,18-22; NGÜ). Jesus ist am Kreuz für jedes noch so kleine Fehlverhalten von uns gestorben. Für jeden kleinen negativen Gedanken in unserem Kopf, jedes egoistische Verhalten, jedes unfreundliche Wort. Da Jesus den Preis für all die Situationen in unserem Leben bereits gezahlt hat, in denen wir nicht kompromisslos liebevoll, selbstlos oder aufrichtig gelebt haben, können wir heute schon in einer Gemeinschaft mit Gott leben. Auch wenn wir eigentlich nicht heilig sind wie Gott.

[63] »An sich war das Kreuz also physische Folter und Tod sein (Jesu) kleinstes Problem. Was ihm bevorstand, war die Erfahrung des uneingeschränkten göttlichen Zorns über das Böse und die Sünde der ganzen Menschheit. Der richterliche Zorn Gottes wird ihn treffen statt uns« (Keller, Timothy: Der zugewandte Jesus. Unerwartete Antworten auf die großen Fragen des Lebens, Basel: Brunnen 2014, S. 146).

[64] Kleiner theologischer Exkurs, weshalb wir Gott in unserem Alltag verstehen können. Fangen wir ganz vorne an: Kann sich ein Mensch grundsätzlich bei Alltagsfragen an Gott wenden und antwortet Gott so, dass man es als Mensch versteht? Schaut man zum Beispiel in Davids Alltag, wird schnell klar, dass Gott ihm manchmal sehr klare Anweisungen gegeben hat (wie hier: 2. Samuel 5,17-25). David hatte eine Frage in seinem Alltag, stellte sie Gott, Gott antwortete ihm. Warum konnte David Gott verstehen? Gott hatte ihm seinen Geist gegeben (1. Samuel 16,13). Jesus erklärt, dass Gott Geist ist und dass alle, die den Heiligen Geist haben, daher mit Gott kommunizieren können: »Gott ist Geist, und die, die ihn anbeten wollen, müssen ihn im Geist und in der Wahrheit anbeten« (Johannes 4,24; NGÜ, siehe auch die Verse davor). Ich stelle mir das so ähnlich wie bei einem Radio vor, das Radiowellen nur empfangen kann, wenn es einen Radioempfänger hat. Das gleiche Prinzip sieht man auch bei anderen Propheten, also Menschen im Alten Testament, die Gott verstehen konnten, wie hier: Jesaja 59,21; 2. Könige 2,9; 1. Samuel 10,10; Hesekiel 2,2 usw. Schaut man in diese Stellen, stellt man fest: Es steckt dasselbe Prinzip dahinter. Gott schenkt einem Menschen den Heiligen Geist, dadurch kann er mit ihm kommunizieren. Aber gilt das für jeden? Auch für mich und dich? In 4. Mose 11,25 wird berichtet, wie Gott seinen Geist auf siebzig Männer legt und sie ab diesem Moment göttliche Eingebungen bekommen können. Mose sagt daraufhin (Vers 29; LUT): »Ich wünschte mir, dass alle aus dem Volk des Herrn Propheten wären und dass der Herr seinen Geist auf alle legte!« Genau das ist ungefähr im Jahr 33 nach Christus passiert. Jesus hat immer wieder angekündigt, dass wir durch den Glauben an ihn den Heiligen Geist bekommen werden (Johannes 14,16-17.26). Nicht durch eine Leistung, sondern durch das Hören der guten Nachricht und durch das Vertrauen darauf. Das bedeutet nicht, dass uns Gott zu jeder Zeit alle Fragen beantworten muss, die wir ihm stellen. Aber in der Apostelgeschichte sieht man an vielen Stellen, dass es wahr ist. Gott macht uns ein großes Geschenk. Er spricht, führt und leitet uns immer wieder im Alltag durch seinen Geist, wie zum Beispiel hier: Apostelgeschichte 1,2; 8,29; 10,19; 11,12; 13,2; 15,28; 16,6; 19,21; 20,22. Dass wir durch den Glauben an Jesus den Heiligen Geist bekommen, feiern wir übrigens in allen christlichen Ländern jedes Jahr an Pfingsten.

[65] Tobias Teichen: Wie kann ich Gottes Stimme hören? The Whisper of Christmas. Predigt vom 10.12.2018. URL: https://www.youtube.com/watch?v=IQ9gPfA9s-c 12/2018 (zuletzt aufgerufen am 02.09.2021).

[66] Dr. Johannes Hartl: Gott flüstert. Vortrag vom 08.10.2020. URL: https://www.youtube.com/watch?v=CWw7U4fFeN4 (zuletzt aufgerufen am 02.09.2021).

[67] Es gibt unzählige Stellen in der Bibel, die sagen, dass wir weise werden sollen. Zum Beispiel: »Weisheit erwerben ist besser als Gold und Einsicht erwerben edler als Silber« (Sprüche 16,16; LUT). Siehe auch Kolosser 1,9 und Jakobus 1,5.

[68] Christian Rossmanith und Patrick Sandweg: Wer berät dich im Alltag? Predigt vom 10.05.2021. URL: https://www.youtube.com/watch?v=I8eNhEB5RDU (zuletzt aufgerufen am 02.09.2021).

[69] Nachzulesen ist die Geschichte von Josef in 1. Mose 37–50.

[70] Siehe dazu Apostelgeschichte 27.

[71] Timothy Keller: Your Plans, God's Plan. Podcast vom 10.08.2015. URL: https://www.youtube.com/watch?v=3OXaJPiov5E (zuletzt aufgerufen am 02.09.2021).

[72] Tobias Teichen: Warum und wie lange noch, Gott? – Habakuk. Predigt vom 10.09.2018. URL: https://www.youtube.com/watch?v=_ru-wLO_1lo (zuletzt aufgerufen am 02.09.2021).

[73] Jens Koslowski: Wie kann ein liebender Gott Leid zulassen? Predigt vom 20.01.2020. URL: https://www.youtube.com/watch?v=6u7y_I-_RE0 (zuletzt aufgerufen am 02.09.2021).

[74] Christian Rossmanith und Boas Kliebisch: Discover the fighter in you. Predigt vom 31.05.2021. URL: https://www.youtube.com/watch?v=J4pGkso6mlo (zuletzt aufgerufen am 02.09.2021).

Tobias Teichen, Christian Rossmanith

Love, Sex, God
Der etwas andere Weg

Wie sieht ein wertschätzender Umgang im Bereich Sexualität aus? Dieses Buch ist ein persönliches und selbstkritisches Hinterfragen einer vielfach gelebten One-Night-Stand-Kultur. Gibt es eine relevante und lebbare Alternative? Tobias Teichen und Christian Rossmanith nehmen dich mit auf eine Entdeckungsreise. Mach dich bereit für viele persönliche Beispiele und faszinierende Prinzipien aus Bibel und Naturwissenschaft. Sie bergen eine gewaltige Schönheit und haben das Potenzial, viele gesellschaftliche Ansichten auf den Kopf zu stellen – auch heute noch!

**Klappenbroschur, 13,5 x 21,5 cm, 176 S.
Nr. 226.984, ISBN 978-3-417-26984-0**

Tobias Teichen

ROOTS
Auf der Suche nach dem Ursprung des Glaubens

Wo komme ich her? Diese Frage stellen sich viele Menschen. Wir Christen haben einen langen Stammbaum, aufgeschrieben in der Bibel. Doch manchmal fällt es schwer, vor allem das Alte Testament richtig zu lesen und einen durchgängigen guten Plan in Gottes Wort zu erkennen. Wie passt der Gott des Alten Testaments mit dem des Neuen zusammen? Der Pastor des ICF München beleuchtet mithilfe der „Jesus-Brille" vor allem den ersten Teil der Bibel und geht den Wurzeln unseres Glaubens auf den Grund.

**Gebunden, 19 x 26 cm, 240 S.
Nr. 226.794, ISBN 978-3-417-26794-5**

Tobias Teichen

Move – Entdecke das Leben
Glauben ist mehr, als du denkst

Du möchtest Gott besser kennenlernen? Dann ist dieses Buch genau für dich! Ein Buch über die Basics des Glaubens in zeitgemäßer Aufmachung, das dir helfen wird, Gott persönlich zu entdecken. Tobias Teichen, Pastor des ICF München, bläst den Staub von Begriffen wie Heiliger Geist, Bibel oder Gebet. Denn: Gott und der Glaube an ihn ist und bleiben relevant! Der Vater im Himmel hat kein Interesse an platten Antworten und starren Denkmustern – sondern an einer lebendigen und dynamischen Beziehung.

**Gebunden, 19 x 26 cm, 320 S.
Nr. 226.671, ISBN 978-3-417-26671-9**